WRITiNG 영어 라이팅훈련 TRAINing

본 도서는 기출간된 〈영어 라이팅 훈련 실천 다이어리〉의 2nd Edition입니다.

영어 라이팅 훈련 STORY Writing 2nd Edition

저자 | 한일
초판 1쇄 발행 | 2011년 12월 28일
개정 1쇄 인쇄 | 2020년 3월 6일
개정 4쇄 발행 | 2023년 8월 17일

발행인 | 박효상
편집장 | 김현
기획 · 편집 | 장경희, 김효정   디자인 | 임정현
본문 · 표지 디자인 | 박성미
마케팅 | 이태호, 이전희
관리 | 김태옥

종이 | 월드페이퍼
인쇄 · 제본 | 예림인쇄 · 바인딩

출판등록 | 제10-1835호
발행처 | 사람in
주소 | 04034 서울시 마포구 양화로11길 14-10(서교동 378-16) 3F
전화 | 02) 338-3555(代)   팩스 | 02) 338-3545
E-mail | saramin@netsgo.com
Website | www.saramin.com

:: 책값은 뒤표지에 있습니다.
:: 파본은 바꾸어 드립니다.

ⓒ 한일 2020
ISBN 978-89-6049-835-8 14740
       978-89-6049-834-1 (set)

우아한 지적만보, 기민한 실사구시 **사람in**

WRITiNG

STORY Writing 30일
매일 훈련의 기적

영어 라이팅훈련 TRAIN ing

STORY
Day 1-15

한일 지음

사람in
saram
in.com

(왜 라이팅 훈련인가)

이제는 Writing이 대세!

피할 수 없는 때가 다가와 버렸죠! 쓰는 능력을 중요시하는 시대가 왔다는 얘기입니다. 쓰기는 그 사람의 언어 능력을 평가하는 최종 단계이자 지적 능력을 집약적으로 확인할 수 있는 방법입니다. 우리는 말로 모든 것을 처리하던 시대를 뛰어넘어서 매일 넘쳐나는 문서 속에 살고 있습니다. 당연히 문서를 쓸 수 있는 쓰기 능력이 있어야 살아남을 수 있다는 얘기죠!

영어는 규칙 언어입니다. 그러므로 어떤 규칙을 사용해야 하는지 아는 것은 기본입니다.

영어는 규칙 언어이고 문법이 지배하는 언어입니다. 그래서 항상 〈주어+동사+목적어〉처럼 정해진 순서를 따르죠. 그러나 한가지 문법 패턴을 너무 많이 반복해서 쓰면 글이 성의 없어 보이고 창조적이지 않은 느낌을 주게 됩니다. 그렇다고 해서 영어에 존재하는 모든 문법을 전부 사용해야 하는 것 또한 아니에요. 빈도가 높은 문법을 먼저 사용하면 됩니다. 이 책에 소개되어 있는 문법은 주먹구구식으로 뽑은 문법이 아니라 사용 빈도가 높은 것만 모아 놓은 것입니다. 필수적인 문법들의 모임이라고 보시면 됩니다. 글을 쓰는 데 있어서 사용하지 않고는 견딜 수 없을 만큼 빈도수가 높은 문법들이므로 반드시 기억하고 익혀 두어야 합니다. 어떤 영어 문장을 쓰든지 여기에 있는 문법들이 개입할 수 밖에 없다는 것을 깨닫게 될 것입니다.

글쓰기에 확실하게 활용할 수 있는 문법이 몇 개나 되나요?

영어 문장은 각 단어가 쓰이는 고유한 순서를 가지고 있습니다. 이렇게 한 번 정해진 단어의 순서는 바뀌지 않습니다. 이 순서를 많이 알면 알수록 다양한 문장을 쓸 수 있게 됩니다. 여러분은 머릿속에 자신 있게 쓸 수 있는 단어의 조합을 몇 개나 가지고 있나요? 오늘부터 〈영어 라이팅 훈련〉으로 쓰기 훈련을 하면서 그 수를 늘려나가도록 해보세요. 빗물이 모여 바위를 뚫듯이 한 달 혹은 두 달 후에는 달라진 여러분의 라이팅 실력을 실감하게 될 것입니다.

한일

이 책의 특징 및 활용법

FEATURES

문장 확장 방식을 도입한 쓰기 훈련북 <영어 라이팅 훈련>은 '구슬이 서말이라도 꿰어야 보배'라는 말이 있듯이 영어로 글쓰기를 잘하기 위해서는 문법과 어휘만 알고 있어서는 안 되며 매일매일 밥 먹듯이 쓰기 훈련을 해야 한다는 믿음으로 만들어진 본격 영어 라이팅 훈련서입니다. 문장 확장 방식 (Expansion Mode)을 도입한 쓰기 훈련서로, 매일 조금씩 써나가다보면 자연스럽게 영어 문장 구조에 대한 이해가 넓어지고 문장이 쭈욱쭉 길어지는 경험을 하게 될 것입니다. 읽거나 들었을 때는 쉬운 문장이어도 입을 열고 말을 하거나 글로 쓰려면 머리 속이 하얘지는 경험 많이 해보셨죠? 너무 쉽다 하지 마시고 <영어 라이팅 훈련>으로 영어 쓰기의 기초부터 탄탄히 다져보세요. 한 문장 한 문장이 모여 어느새 한 문단이 되고 곧 TOEFL, TEPS 등 어떤 Writing 시험에도 자신감이 붙게 될 것입니다.

1. 문장 확장 방식으로 매일매일 밥 먹듯이 쓰면서 훈련한다!

써야 한다는 당장의 필요를 먼저 채울 수 있도록 구성했습니다. 이론적인 설명이 있기 훨씬 이전부터 문장과 그 문장이 쓰여지는 절차가 있었습니다. 그러므로 직접 쓰면서 그 절차를 익히는 것이 가장 좋은 방법입니다. 이론적인 설명은 문장을 쓴 후에 들으면 더 이해가 잘 되겠죠. 이 책은 문장 확장 방식 (Expansion Mode)을 도입하여 쓰기 훈련을 하는 훈련북으로, 설명보다는 먼저 쓰는 것에 중점을 두었습니다.

2. 문장이나 글을 쓸 때 반드시 알아두어야 할 문법 사항들을 모았다!

영어로 글을 쓸 때 가장 자주 사용되는 문법 사항들만을 모아 Unit(Day)를 구성하였습니다. Writing을 해야 할 상황이 닥쳤을 때 여기에 나와 있는 문법 포인트들을 우선적으로 활용하여 글을 쓰면 되는 것이죠. 이 책으로 쓰기 훈련을 해보면 아시겠지만 이 책에 등장한 문법 사항들을 쓰지 않으려고 애를 써도 어쩔 수 없이 쓰게 될 만큼 빈도수 높은 핵심 문법 포인트들입니다.

3. 단문에서 장문까지, 장문에서 paragraph까지 한번에 정복한다!

짧은 단문은 많은 내용을 담지 못합니다. 그래서 장문을 쓰게 되죠. 각 Unit는 어떻게 짧은 단문에서 장문으로 문장을 늘려가는지 쉽게 연습할 수 있도록 구성되어 있습니다.
그 다음 여러 개의 장문을 동원해서 한 가지 주제에 대해 글을 쓰는 방법을 보여줍니다. 이렇게 여러 개의 문장이 내용상 연결성을 가지면서 한자리에 모여 있을 때 그것을 paragraph(단락)라고 하는데, 이 책을 통해서 paragraph writing을 할 수 있는 단계까지 연습하게 됩니다. 중간중간 테마별 paragraph writing 순서가 총정리 단계로 포함되어 있는데 사실은 이 paragraph writing을 잘하게 되는 것이 우리가 sentence writing을 훈련하는 목표라 할 수 있죠.

HOW TO USE THIS BOOK ～～～～～～～

확장 방식(Expansion Mode)이란?

영어 문장은 크게 Essential 부분과 Additional 부분으로 나눌 수 있어요. 말이 좀 어렵긴 하지만 그냥 Part 1 또는 Part 2라고 구분해도 되요. 용어는 그다지 중요하지 않지만 이 두 개념은 가르치는 선생님이나 학생들 모두 알고 있어야 합니다.

Essential이라고 하는 이유는 이 부분이 문법적으로 중요한 부분이기 때문이에요. 잘못 쓰면 바로 틀린다는 얘기죠. 아무리 좋은 내용의 문장을 썼어도 Essential에 해당하는 부분에서 문법이 틀리면 전체 문장이 모두 틀린 것으로 간주될 만큼 중요한 부분이므로 writing할 때 조심해야 한답니다.

나머지 부분을 Additional이라고 하는데 그 이유는 이 부분이 문법적으로 그다지 중요하지 않기 때문에 이 부분을 빼도 전체 문장이 문법상 틀리지 않기 때문이에요. Additional을 빼주면 해당 부분의 내용만 조금 빠질 뿐 전체 문장에는 아무런 지장이 없거든요. 우리가 글을 길게 잘 쓰기 위해서 가장 유용하게 사용할 수 있는 부분이 바로 이 Additional 부분이라고 보시면 됩니다.

그럼 Essential과 Additional이 어떻게 협조해가면서 문장을 만드는지 한번 살펴볼게요.

Essential 1 ➡ 명사 + 동사 (=I go)
Additional 1 ➡ 전치사 + 명사 (=to school)
Essential 1 + Additional 1 ➡ '명사 + 동사' + '전치사 + 명사' (=I go + to school.)

이렇게 Essential과 Additional이 만나면 문법과 내용이 모두 충실한 좋은 문장이 만들어집니다. 보고 따라서 써볼 수 있겠죠!

Essential 부분의 '명사+동사'는 절대로 뺄 수 없는 중요한 부분입니다. 반면에 Additional 부분의 '전치사+명사'는 내용상 필요해서 부가적으로 들어간 부분이므로 빼도 전체 문장의 문법이 틀리지 않는 부분이지요. 만일 문법의 영향을 받지 않는 Additional을 몇 개 더 추가하면 어떤 현상이 일어나게 될까요? 문장이 길어지겠죠 아주 중요한 개념이므로 다음 보기를 잘 보고 감을 잡아 놓도록 하세요.

Essential 1 ➡ I go
Additional 1 + Additional 2 + Additional 3 + Additional 4
➡ to school + by bus + from Monday + to Friday
Essential 1 + Additional 1 + Additional 2 + Additional 3 + Additional 4
➡ I go to school by bus from Monday to Friday.

E	A1	A2	A3	A4

보다시피 영어 문장을 길게 쓸 때는 Additional 부분이 대단히 유용한 도구로 쓰인답니다. 이 유용한 도구를 많이 가질수록 좋다는 사실을 깨달은 영어가 더 다양한 종류의 Additional을 만들어 내기 시작했으며 그 결과 to부정사, 부사, 형용사, 형용사절, 분사와 같은 더 많은 Additional이 만들어지게 되었지요. 이 중에 한두 개의 Additional을 더 사용해서 문장을 늘려 보도록 할게요. 잘 보고 그대로 따라 하세요.

● Additional로 부사와 to부정사(~하기 위하여) 사용하기
  Actually I go to school by bus from Monday to Friday to volunteer.
  부사 ············· ──────────────────────────────── to부정사 ·····························

● Additional로 분사와 형용사 사용하기
  I go to school located in downtown by local bus from Monday to Friday.
  ───────────── 분사 ···························· ──── 형용사 ··· ────

이렇게 Essential을 만든 후 거기에 Additional을 더해가면서 문장 쓰기 연습을 하는 것을 확장 방식(Expansion Mode)이라고 합니다. 체계적이고 쉽게 영어 문장을 쓸 수 있는 방법이므로 일선 교사들과 학생들이 영어 쓰기 훈련을 할 때 적극 활용하기를 바랍니다. 〈영어 라이팅 훈련〉을 통해 여러분들은 Essential 부분을 쓰는 꾸준한 훈련과 다양한 Additional을 추가하여 긴 문장을 만드는 훈련을 하게 될 것입니다.

DON'T FORGET 〜〜〜〜〜〜〜〜〜〜•

1 Writing 할 때 많이 활용되는 빈도수 높은 문법이 무엇이 있는지 알아두세요!
2 각 chapter에 나오는 문법이 어떻게 문장 속에 적용되는지 알아두세요!
3 Paragraph는 배운 문법을 연습하는 부분이기도 하지만 그보다도 고급스러운 communication이 가능할 만큼 충분한 양을 써보는 부분입니다. 절대로 그냥 넘어가지 마시고 보고 베끼더라도 꼭 쓰고 넘어가도록 하세요. 정답을 미리 읽고 써도 좋으니 절대 건너뛰지 마시길!
4 완성 문장 확인하기에 나온 문장들은 시간이 날 때마다 MP3 음원을 들으면서 자주 읽어보도록 하세요!

이 책의 구성

<영어 라이팅 훈련>은 간단한 단문에서 시작해 단문에 살을 붙여 문장을 확장해나가는 방식으로 라이팅을 훈련하는 훈련북입니다. 문장 확장하기로 바로 건너뛰지 마시고 반드시 문장 시작하기부터 순서대로 훈련하세요!

Grammar Focus & 훈련 기록 ┄┄┄┄┄┄┄┄┄┄▶

오늘 라이팅 훈련할 문장들의 **뼈**대를 이루는 문법 사항에 대한 기본 지식을 습득한 후, 꾸준한 훈련을 위해 훈련 기록을 남겨 보세요.

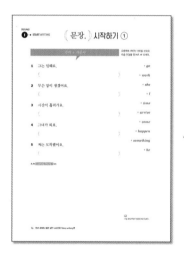

◀┄┄┄┄┄┄┄┄ **문장 시작하기**

문장 시작하기에서는 한글로 주어진 단문을 영어로 바꾸는 훈련을 합니다. Word box에 주어진 단어를 참고로 기본 문장을 만들어 보세요.

문장 확장하기 ┄┄┄┄┄┄┄┄┄┄┄┄┄┄▶

자, 지금부터 문장이 길어집니다. 문장 시작하기에서 써본 문장의 정답을 확인해봄과 동시에 문장 시작하기에서 확장된 형태의 문장을 써봅니다.

문장 더 확장하기

문장이 쭈욱쭉 길어지는군요. 문장 확장하기에서 써본 문장의
정답을 확인해봄과 동시에 문장 확장하기에서 더 확장된 형태의
문장을 써봅니다.

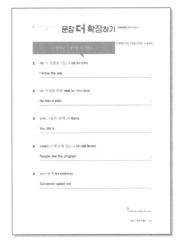

완성 문장 확인하기

문장 시작하기, 문장 확장하기, 문장 더 확장하기에서 쓰기 훈
련한 문장의 완성 문장을 확인할 수 있습니다. 문장마다 확장바
(expansion bar)가 있어 여러 번 확장된 문장이라도 확장된 경
로를 한눈에 확인할 수 있습니다. 완성 문장은 네이티브 스피커
의 음성으로 확인할 수 있으며 듣기와 말하기를 동시에 연습할
수 있습니다.

스토리 라이팅

문법 사항을 기본으로 한 문장 연습을 토대로 하여 이번에는 문
단 쓰기에 도전해봅니다. 사실, 이 파트를 잘 쓰는 것이 이 책의
학습 목표입니다! 재미있는 스토리를 확장해가면서 써나가다 보
면 어느새 작가가 쓴 것과 같은 그럴듯한 스토리가 완성되어 있
을 것입니다.

🎧 MP3 파일 활용법

〈영어 라이팅 훈련〉에서 쓰기 훈련한 모든 완성 문장과 Paragraph Writing이 네이티브 스피커의 음성으로 녹음되어 있습니다.
쓰기 훈련을 한 후 MP3 파일 음원을 들으면서 따라 말하기 훈련을 하여 써본 문장을 완전히 내 것으로 만들어 보세요!
MP3 파일은 www.saramin.com 자료실에서 다운로드 받으세요.

라이팅 코치를 위한 친절한
Learning Theory

각 코너 별 라이팅 훈련 시 아래 사항들에 유의하여 훈련할 수 있도록 지도해주세요.

LEARNING THEORY 1 1권 p.16

주어(명사)를 생략할 수 있는 한국말과 달리 영어는 주어(명사)의 사용을 엄격히 지켜야 합니다. 그러므로 주어(명사)를 문장 속에 포함시키는 훈련을 학생들이 처음부터 습관화하도록 합니다.

LEARNING THEORY 2 1권 p.34

영어의 기본 문장 구조는 '주어+동사+목적어'입니다. 반면 한국어는 '주어+목적어+동사'라는 다른 순서를 가지고 있으므로 그 차이점을 학습 초기부터 깨달을 수 있도록 기본 문장 훈련을 많이 시키는 것이 필요합니다.

LEARNING THEORY 3 1권 p.44

모든 영어 문장 속에 지금처럼 전치사를 여러 개 사용할 수 있는 것은 아닙니다. 그러나 한국말에서는 영어의 전치사와 같은 말을 그 순서나 개수에 상관 없이 자유롭게 쓸 수 있다 보니 서로 상충되는 면이 생기게 됩니다. 이렇게 두 언어가 유사한 기능의 문법을 가졌으나 사용 방식에 차이를 보일 때는 학습자의 모국어의 방식에 따라서 먼저 익히게 하는 것이 효과적입니다. 비록 영어적으로는 어색하고 실수처럼 보이지만, 학습자가 해당 문법을 모국어에 맞추기 위해 의도적으로 만든 어색함이나 실수는 시간이 지남에 따라 스스로 수정하는 학습적 효과(self-revision effect)를 가져옵니다. 따라서 전치사구의 문법적 순서를 지나치게 강조하기 보다는 일단 학습자가 쓸 수 있는 만큼 최대한(maximum)으로 써보게 한 후, 문장을 늘리는 것이 더 좋은 수업 효과를 가져올 수 있습니다.

LEARNING THEORY 4 1권 p.66, 138, 2권 p.24, 128, 176 Story Writing

Paragraph Writing을 할 때는 내용을 조금씩 보강해갈수록 복잡한 문장에 점점 익숙해지게 하여 원하는 목표에 가까워질 수 있습니다. Story Writing은 작은 단위에서부터 조금씩 문장을 확장해감으로써 나중에는 다양한 문법이 섞인 복잡한 구조의 문장을 직접 쓰고 이해할 수 있도록 하였습니다. 이 단계는 다음의 3가지 Skinner가 제시하는 스텝을 응용해서 구성하였습니다.

① Clearly specify the goal. (목표를 뚜렷히 할 것 - 어떤 문법이 들어간 문장을 쓸지 명확히 노출해야 합니다.)
② Break down the task, simple to complex. (간단한 과제에서 복잡한 과제로 유도합니다.)
③ Adjust so that the student is always successful until finally the goal is reached. (항상 학생이 성공적으로 문장을 쓸 수 있도록 다양한 도움과 tool을 제공해서 마지막 스토리를 쓸 수 있도록 합니다.)

LEARNING THEORY 5 1권 p.66, 138, 2권 p.24, 128, 176 Story Writing

학습 이론 중 학습 목표가 되는 문법을 여러 번 반복적으로 보여줌으로써 눈에 띄게 하는 방법이 있습니다. 단 하나밖에 없는 것도 기억에 남지만 동일한 문법 구조를 가진 것이 지나치게 많아도 눈에 띄고 기억이 되는 학습 효과를 염두에 두고 구성하였습니다. ➡ Marked Abundance

LEARNING THEORY 6 1권 p.133

부사는 위치 면에서 다른 품사보다 훨씬 자유롭습니다. 문장 맨 뒤, 중간 그리고 맨 앞에 쓸 수도 있습니다. 부사를 다양한 위치에 써 보는 훈련을 충분히 하도록 합니다.

LEARNING THEORY 7 1권 p.66, 138, 2권 p.24, 128, 176 Story Writing

Story Writing에서 제시하고 있는 우리말 story의 어투가 우리말로만 읽었을 때는 조금 어색할 수 있습니다. 그 이유는 첫째, 학습자들이 story를 영어(target language)로 옮기기에 용이하도록 단어 배치를 해서 그렇습니다. 둘째, 학습목표가 되는 문법의 Marked Abundance 때문에 그렇습니다. 우리말 해석의 자연스러움보다 학습 효과를 극대화하는 데 초점을 맞추어 특수하게 디자인 된 스토리라는 점을 양지해 주시기 바랍니다.

LEARNING THEORY 8 2권 p.9

영어에서 관사(a, an, the)의 쓰임은 한국말보다 훨씬 더 두드러집니다. a, an, the를 어떠한 단어 앞에 써야 할지 말아야 할지는 시간이 많이 걸리더라도 관사가 들어 있는 다양한 영어 문장을 접해봄으로써 내용을 보고 정할 수 있도록 훈련시키는 것이 좋습니다. 영어에는 있는데(Ex. 관사 a, an, the) 한국어에는 없거나 중요하지 않게 다뤄지는 문장 요소가 있을 경우 지나치게 문법적인 규칙을 주입시키는 것보다 경험을 통해 이해시키는 것이 효과적입니다. ➡ Inductive Teaching

CONTENTS

STORY
Day 1-15

SENTENCE WRITING

DAY 1

주어 + 동사

자동사 동사가 나타내는 동작이나 작용이 주어에만 미치는 동사로, 목적어를 필요로 하지 않는다.

Ex. Time **goes**. 시간이 흘러가요.

타동사 동사가 무엇을 하는지 알려주는 목적어를 필요로 하는 동사

Ex. We **study English**. 우리는 영어를 공부해요.

시작 시간 _____년 ____월 ____일 ____시 ____분

마친 시간 _____년 ____월 ____일 ____시 ____분   총 연습 시간 _____분

(문장.) 시작하기 ①

주어 + 자동사

오른쪽에 주어진 단어를 참고로
다음 문장을 영어로 써 보세요.

1 그는 일해요.

   (   )

2 무슨 일이 생겼어요.

   (   )

3 시간이 흘러가요.

   (   )

4 그녀가 와요.

   (   )

5 저는 도착했어요.

   (   )

- *go*
- *work*
- *she*
- *I*
- *time*
- *arrive*
- *come*
- *happen*
- *something*
- *he*

P.10 **Learning Theory 1** 참조

다음 페이지에서 정답을 확인하세요.

문장 **확장**하기

> 전치사 + 명사를 추가하여 문장 확장하기

확장된 다음 문장을 영어로 써 보세요.

1 그는 우리를 위해서 일해요.

He works _____.

2 무슨 일이 제게 생겼어요.

Something happened _____.

3 시간은 멈추지 않고 흘러가요.

Time goes _____.

4 그녀는 5시쯤에 와요.

She comes _____.

5 저는 그 장소에 도착했어요.

I arrived _____.

- *to*
- *without*
- *for*
- *place*
- *stop*
- *around*
- *at*
- *us*
- *me*
- *five*

다음 페이지에서 정답을 확인하세요.

Check it out
완성 문장 확인하기

완성 문장을 확인하고 여러 번 쓰고 읽어 보세요. MP3 01-01

1 그는 우리를 위해서 일해요.

He works for us.

시작·························· 확장············

2 무슨 일이 제게 생겼어요.

Something happened to me.

시작······························ 확장··········

3 시간은 멈추지 않고 흘러가요.

Time goes without a stop.

시작························ 확장····························

4 그녀는 5시쯤에 와요.

She comes around five.

시작························ 확장·····················

5 저는 그 장소에 도착했어요.

I arrived at the place.

시작··················· 확장···················

(문장.) 시작하기 ②　START WRITING

주어 + 타동사

오른쪽에 주어진 단어를 참고로
다음 문장을 영어로 써 보세요.

1　저는 알고 있어요.

（　　　　　　　　　　　　　　　　）

2　그는 가지고 있어요.

（　　　　　　　　　　　　　　　　）

3　당신이 했잖아요.

（　　　　　　　　　　　　　　　　）

4　사람들은 좋아해요.

（　　　　　　　　　　　　　　　　）

5　누군가 전화했었네요.

（　　　　　　　　　　　　　　　　）

- *people*
- *know*
- *did*
- *like*
- *someone*
- *has*
- *call*
- *he*

📖
다음 페이지에서 정답을 확인하세요.

문장 확장하기

목적어 넣기

확장된 다음 문장을 영어로 써 보세요.

1 저는 그 길을 알고 있어요.

I know _____.

2 그는 계획을 하나 가지고 있어요.

He has _____.

3 당신이 그거 했잖아요.

You did _____.

4 사람들은 그 프로그램을 좋아해요.

People like _____.

5 누군가 제게 전화했었네요.

Someone called _____.

- *way*
- *program*
- *a*
- *me*
- *plan*
- *it*
- *the*

다음 페이지에서 정답을 확인하세요.

문장 **더** 확장하기

> ## 전치사 + 명사를 추가하기

1 저는 그 건물로 가는 그 길을 알고 있어요.

I know the way   .

2 그는 이것을 위한 계획을 하나 가지고 있어요.

He has a plan   .

3 당신이 그들과 함께 그거 했잖아요.

You did it   .

4 사람들은 이 학교에 있는 그 프로그램을 좋아해요.

People like the program   .

5 누군가 밤에 제게 전화했었네요.

Someone called me   .

다음 페이지에서 정답을 확인하세요.

Check it out
완성 문장 확인하기

완성 문장을 확인하고 여러 번 쓰고 읽어 보세요. MP3 01-02

1 저는 그 건물로 가는 그 길을 알고 있어요.

I know the way to the building.

시작·············· 확장····················· 더 확장························

2 그는 이것을 위한 계획을 하나 가지고 있어요.

He has a plan for this.

시작·················· 확장············· 더 확장···········

3 당신이 그들과 함께 그거 했잖아요.

You did it with them.

시작················· 확장- 더 확장·····················

4 사람들은 이 학교에 있는 그 프로그램을 좋아해요.

People like the program in this school.

시작······························· 확장························· 더 확장······························

5 누군가 밤에 제게 전화했었네요.

Someone called me at night.

시작······························· 확장······ 더 확장··············

SENTENCE WRITING

DAY 2

주어 + be동사 + 형용사/명사

주어의 상태나 성격을 설명할 때는 '주어+be동사+형용사/명사'로 표현한다. 이때 형용사나
명사는 be동사의 뜻이 완전해지도록 보완하는 역할을 한다고 해서 보어라고 부른다.

Ex. It is helpful. 그것은 도움이 되요.

be동사 대신 사용할 수 있는 동사 look, seem, sound, appear, feel

Ex. You look great. 당신은 멋져 보여요.

시작 시간 _____년 _____월 _____일 _____시 _____분

마친 시간 _____년 _____월 _____일 _____시 _____분　　　　총 연습 시간 _____분

1 ● **START** WRITING

(문장.) 시작하기

주어 + be동사 + 형용사/명사

오른쪽에 주어진 단어를 참고로
다음 문장을 영어로 써 보세요.

1 당신 대단해요. → 형용사 사용

(   )

2 당신이 일등이에요. → 명사 사용

(   )

3 그 가격은 적당했어요. → 형용사 사용

(   )

4 그 가격은 20달러였어요. → 명사 사용

(   )

5 그것은 도움이 돼요. → 형용사 사용

(   )

● *reasonable*

● *20 dollars*

● *great*

● *was*

● *it*

● *number one*

● *price*

● *helpful*

● *are*

● *the*

6 그것은 안내책자예요. ··→ 명사 사용

    (   )

7 그 책은 재미있어요. ··→ 형용사 사용

    (   )

8 그 책은 베스트셀러예요. ··→ 명사 사용

    (   )

9 우리는 바빠요. ··→ 형용사 사용

    (   )

10 우리가 매니저예요. ··→ 명사 사용

    (   )

- *interesting*
- *guidebook*
- *busy*
- *are*
- *we*
- *bestseller*
- *manager*
- *the*
- *is*

다음 페이지에서 정답을 확인하세요.

문장 확장하기 ①

전치사+명사 추가하여 문장 확장하기

확장된 다음 문장을 영어로 써 보세요.

1 당신은 이것에는 끝내주네요. ··· 형용사 사용

You are great _____.

2 당신이 반에서 일등이에요. ··· 명사 사용

You are the number one _____.

3 그 가격은 제게 적당했어요. ··· 형용사 사용

The price was reasonable _____.

4 그 가격은 그 당시에 20달러였어요. ··· 명사 사용

The price was 20 dollars _____.

5 그것은 쓰기에 도움이 돼요. ··· 형용사 사용

It is helpful _____.

- *this*
- *time*
- *in*
- *writing*
- *me*
- *that*
- *for*
- *class*
- *at*
- *the*

6 그것은 여행객을 위한 안내책자예요. ⋯ 명사 사용

It is a guidebook _____.

7 그 책은 저에게 재미있어요. ⋯ 형용사 사용

The book is interesting _____.

8 그 책은 10월의 베스트셀러예요. ⋯ 명사 사용

The book is the bestseller _____.

9 우리는 낮 동안에 바빠요. ⋯ 형용사 사용

We are busy _____.

10 우리가 이 가게의 매니저예요. ⋯ 명사 사용

We are the managers _____.

- *October*
- *to*
- *during*
- *shop*
- *tourist*
- *the*
- *in*
- *me*
- *day*
- *for*

다음 페이지에서 정답을 확인하세요.

Check it out
완성 문장 확인하기

완성 문장을 확인하고 여러 번 쓰고 읽어 보세요. MP3 02-01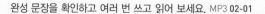

1 당신은 이것에는 끝내주네요. ⋯ 형용사 사용

You are great at this.

시작························· 확장··········

2 당신이 반에서 일등이에요. ⋯ 명사 사용

You are the number one in the class.

시작··························· 확장···············

3 그 가격은 제게 적당했어요. ⋯ 형용사 사용

The price was reasonable for me.

시작······································ 확장··········

4 그 가격은 그 당시에 20달러였어요. ⋯ 명사 사용

The price was 20 dollars at that time.

시작······························· 확장···············

5 그것은 쓰기에 도움이 돼요. ⋯ 형용사 사용

It is helpful for writing.

시작··················· 확장············

6 그것은 여행객을 위한 안내책자예요. ⋯ 명사 사용

It is a guidebook for tourists.

시작⋯⋯⋯⋯⋯⋯⋯⋯⋯⋯⋯⋯⋯ 확장⋯⋯⋯⋯⋯⋯⋯

7 그 책은 저에게 재미있어요. ⋯ 형용사 사용

The book is interesting to me.

시작⋯⋯⋯⋯⋯⋯⋯⋯⋯⋯⋯⋯⋯⋯ 확장⋯⋯⋯⋯⋯

8 그 책은 10월의 베스트셀러예요. ⋯ 명사 사용

The book is the bestseller in October.

시작⋯⋯⋯⋯⋯⋯⋯⋯⋯⋯⋯⋯⋯⋯⋯ 확장⋯⋯⋯⋯⋯⋯⋯

9 우리는 낮 동안에 바빠요. ⋯ 형용사 사용

We are busy during the day.

시작⋯⋯⋯⋯⋯⋯⋯ 확장⋯⋯⋯⋯⋯⋯⋯⋯

10 우리가 이 가게의 매니저예요. ⋯ 명사 사용

We are the managers in the shop.

시작⋯⋯⋯⋯⋯⋯⋯⋯⋯⋯⋯ 확장⋯⋯⋯⋯⋯⋯⋯

동사 + 형용사

확장된 다음 문장을 영어로 써 보세요.

1   그 셔츠는 당신에게 끝내주게 잘 어울려 보여요.

You _____ with the shirt.

• *seem*

• *feel*

• *look*

2   그 가격이 제게는 적당해 보이는데요.

The price _____ for me.

• *reasonable*

• *great*

• *sound*

3   그것이 쓰기에 도움이 되는 것처럼 들려요.

It _____ for writing.

• *interesting*

• *helpful*

• *busy*

4   그 책은 저에게 재미있어 보여요.

The book _____ to me.

• *appear*

5   우리는 낮 동안 바쁘게 느껴져요.

We _____ during the day.

다음 페이지에서 정답을 확인하세요.

Check it out
완성 문장 확인하기

완성 문장을 확인하고 여러 번 쓰고 읽어 보세요. MP3 02-02

1 그 셔츠는 당신에게 끝내주게 잘 어울려 보여요.

You look great with the shirt.

2 그 가격이 제게는 적당해 보이는데요.

The price seems reasonable for me.

3 그것이 쓰기에 도움이 되는 것처럼 들려요.

It sounds helpful for writing.

4 그 책은 저에게 재미있어 보여요.

The book appears interesting to me.

5 우리는 낮 동안 바쁘게 느껴져요.

We feel busy during the day.

SENTENCE WRITING

DAY 3

'전치사 + 명사'의 사용

전치사구인 '전치사 + 명사'가 '~을 위해, ~에게' 등의 의미로 앞에 있는
동사를 수식하는 부사적 용법으로 쓰이는 경우

Ex. The students **need** time **for this**. 그 학생들은 이것을 위해서 시간이 필요해요.

전치사구인 '전치사 + 명사'가 한 단어처럼 바로 앞 명사를
수식해주는 형용사적 용법으로 쓰이는 경우

Ex. **The students in the class** need time. 교실에 있는 그 학생들은 시간이 필요해요.

시작 시간 _____년 _____월 _____일 _____시 _____분

마친 시간 _____년 _____월 _____일 _____시 _____분   총 연습 시간 _____분

(문장.) 시작하기

| 주어 + 동사 + 목적어 |

오른쪽에 주어진 단어를 참고로
다음 문장을 영어로 써 보세요.

1 그 학생들은 시간이 필요해요.

    (   )

2 그 문자가 사실을 말해주잖아요.

    (   )

3 그 남자가 이것을 주었어요.

    (   )

4 미스터 김이 스케줄을 바꿨어요.

    (   )

5 그 고객이 이것을 샀어요.

    (   )

- *schedule*
- *time*
- *tell*
- *students*
- *customer*
- *need*
- *give*
- *text message*
- *truth*
- *man*
- *change*
- *buy*

P.10 Learning Theory 2 참조

다음 페이지에서 정답을 확인하세요.

문장 확장하기 ①

EXPAND WRITING

확장된 다음 문장을 영어로 써 보세요.

> '전치사 + 명사'가 부사적 용법으로 쓰이는 경우

1 그 학생들은 이것을 위해서 시간이 필요해요.

The students need time _____.

• *it*

• *Friday*

• *at*

2 그 문자가 그것에 관한 사실을 말해주잖아요.

The text message tells the truth _____.

• *to*

• *for*

• *store*

3 그 남자가 저에게 이것을 주었어요.

The man gave this _____.

• *this*

• *about*

• *me*

4 미스터 김이 금요일로 스케줄을 바꿨어요.

Mr. Kim changed the schedule _____.

5 그 고객이 가게에서 이것을 샀어요.

The customer bought this _____.

다음 페이지에서 정답을 확인하세요.

Check it out
완성 문장 확인하기

완성 문장을 확인하고 여러 번 쓰고 읽어 보세요. MP3 03-01

1 그 학생들은 이것을 위해서 시간이 필요해요.

The students need time for this.

시작·· 확장··········

2 그 문자가 그것에 관한 사실을 말해주잖아요.

The text message tells the truth about it.

시작··· 확장··········

3 그 남자가 저에게 이것을 주었어요.

The man gave this to me.

시작····························· 확장··········

4 미스터 김이 금요일로 스케줄을 바꿨어요.

Mr. Kim changed the schedule to Friday.

시작··· 확장··········

5 그 고객이 가게에서 이것을 샀어요.

The customer bought this at the store.

시작······································ 확장··········

문장 확장하기 ②

확장된 다음 문장을 영어로 써 보세요.

> **'전치사 + 명사'가 형용사적 용법으로 쓰이는 경우**

1 교실에 있는 그 학생들은 시간이 필요해요.

The students _____ need time.

2 그 사람으로부터 온 그 문자가 사실을 말해주잖아요.

The text message _____ tells the truth.

3 입구에 있는 그 남자가 이것을 주었어요.

The man _____ gave this.

4 R&D팀에 있는 미스터 김이 스케줄을 바꿨어요.

Mr. Kim _____ changed the schedule.

5 파란색 셔츠를 입고 있는 그 고객이 이것을 샀어요.

The customer _____ bought this.

- *in*
- *from*
- *class*
- *entrance*
- *team*
- *at*
- *blue*
- *with*
- *him*
- *shirt*
- *R&D*
- *the*

다음 페이지에서 정답을 확인하세요.

Check it out
완성 문장 **확인하기**

완성 문장을 확인하고 여러 번 쓰고 읽어 보세요. MP3 03-02

1 교실에 있는 그 학생들은 시간이 필요해요.

The students in the class need time.

시작·························· 확장·························· 시작··························

2 그 사람으로부터 온 그 문자가 사실을 말해주잖아요.

The text message from him tells the truth.

시작·························· 확장·························· 시작··························

3 입구에 있는 그 남자가 이것을 주었어요.

The man at the entrance gave this.

시작·········· 확장·········· 시작··········

4 R&D팀에 있는 미스터 김이 스케줄을 바꿨어요.

Mr. Kim in R&D team changed the schedule.

시작·········· 확장·········· 시작··········

5 파란색 셔츠를 입고 있는 그 고객이 이것을 샀어요.

The customer with a blue shirt bought this.

시작·················· 확장·················· 시작··········

문장 더 확장하기 EXPAND WRITING +

더 확장된 다음 문장을 영어로 써 보세요.

부사적 용법과 형용사적 용법을 함께 사용하기

1 교실에 있는 그 학생들은 이것을 위해서 시간이 필요해요.

The students _____ need time _____.

2 그 사람으로부터 온 그 문자가 그것에 관한 사실을 말해주잖아요.

The text message _____ tells the truth _____.

3 입구에 있는 그 남자가 저에게 이것을 주었어요.

The man _____ gave this _____.

4 R&D팀에 있는 미스터 김이 금요일로 스케줄을 바꿨어요.

Mr. Kim _____ changed the schedule _____.

5 파란색 셔츠를 입고 있는 그 고객이 가게에서 이것을 샀어요.

The customer _____ bought this _____.

다음 페이지에서 정답을 확인하세요.

Check it out
완성 문장 **확인하기**

완성 문장을 확인하고 여러 번 쓰고 읽어 보세요. MP3 **03-03**

1 교실에 있는 그 학생들은 이것을 위해서 시간이 필요해요.

The students in the class **need time** for this.

시작·············· 확장·············· 시작·············· 확장··········

2 그 사람으로부터 온 그 문자가 그것에 관한 사실을 말해주잖아요.

The message from him **tells the truth** about it.

시작·············· 확장·············· 시작·············· 확장··········

3 입구에 있는 그 남자가 저에게 이것을 주었어요.

The man at the entrance **gave this** to me.

시작·············· 확장·············· 시작·············· 확장··········

4 R&D 팀에 있는 미스터 김이 금요일로 스케줄을 바꿨어요.

Mr. Kim in R&D team **changed the schedule** to Friday.

시작·············· 확장·············· 시작·············· 확장··········

5 파란색 셔츠를 입고 있는 그 고객이 가게에서 이것을 샀어요.

The customer with a blue shirt **bought this** at the store.

시작·············· 확장·············· 시작·············· 확장··········

'전치사 + 명사' 여러 개 써서 문장 늘리기

전치사구(전치사 + 명사)는 내용이 허락하는 한 여러 개를 붙일 수 있으며
보통 3개까지를 최대로 본다.

Ex. The woman helped the children **in the school from 9 a.m.**

그 여자는 **아침 9시부터 학교에 있는** 아이들을 도와주었어요.

시작 시간 _____ 년 _____ 월 _____ 일 _____ 시 _____ 분

마친 시간 _____ 년 _____ 월 _____ 일 _____ 시 _____ 분   총 연습 시간 _____ 분

(문장.) 시작하기

오른쪽에 주어진 단어를 참고로 다음 문장을 영어로 써 보세요.

1 그 여자는 아이들을 도와주었어요. ⋯ 문장 확장하기 1에서 확장

( )

2 그 서점은 책들을 판매해요. ⋯ 문장 확장하기 2에서 확장

( )

3 많은 사람들이 영어를 공부합니다. ⋯ 문장 확장하기 3에서 확장

( )

- *bookstore*
- *study*
- *children*
- *help*
- *sell*
- *many*
- *people*

문장 확장하기 ①

'전치사 + 명사'를 추가하여 문장 확장하기

확장된 다음 문장을 영어로 써 보세요.

그 여자는 학교에 있는 아이들을 도와주었어요.

The woman helped the children/ _____.

↓

그 여자는 아침 9시부터 학교에 있는 아이들을 도와주었어요.

The woman helped the children/ in the school/ _____.

↓

그 여자는 아침 9시부터 10시까지 학교에 있는 아이들을 도와주었어요.

The woman helped the children/ in the school/ from 9 a.m./

_____.

↓

그 여자는 건널목에서 아침 9시부터 10시까지 학교에 있는 아이들을 도와주었어요.

The woman helped the children/ in the school/ from 9 a.m./ to 10 a.m./

_____.

↓

그 여자는 피켓을 들고 건널목에서 아침 9시부터 10시까지 학교에 있는 아이들을 도와주었어요.

The woman helped the children/ in the school/ from 9 a.m./ to 10 a.m./ at

the crossroads/ _____.

↓

자원봉사 단체에서 나온 그 여자는 교통 피켓을 들고 건널목에서 아침 9시부터 10시까지 학교에 있는 아이들을 도와주었어요.

The woman/ _____/ helped the children/

in the school/ from 9 a.m./ to 10 a.m./ at the crossroads/

with a traffic picket.

P.10 Learning Theory 3 참조

📖
다음 페이지에서 정답을 확인하세요.

Check it out
완성 문장 **확인하기**

완성 문장을 확인하고 여러 번 쓰고 읽어 보세요. MP3 **04-01**

여자는 학교에 있는 아이들을 도와주었어요.

The woman helped the children/ in the school.

시작·· 확장··································

↓

그 여자는 아침 9시부터 학교에 있는 아이들을 도와주었어요.

The woman helped the children/ in the school/ from 9 a.m.

시작····························· 확장···················· 더 확장····················

↓

그 여자는 아침 9시부터 10시까지 학교에 있는 아이들을 도와주었어요.

The woman helped the children/ in the school/ from 9 a.m./

시작····························· 확장···················· 더 확장····················

to 10 a.m.

더x2 확장·····················

↓

그 여자는 건널목에서 아침 9시부터 10시까지 학교에 있는 아이들을 도와주었어요.

The woman helped the children/ in the school/ from 9 a.m./

시작·· 확장································ 더 확장·······················

to 10 a.m./ at the crossroads.

더x2 확장···················· 더x3 확장·······························

↓

그 여자는 피켓을 들고 건널목에서 아침 9시부터 10시까지 학교에 있는 아이들을 도와주었어요.

The woman helped the children/ in the school/ from 9 a.m./

시작·· 확장································ 더 확장·······················

to 10 a.m./ at the crossroads/ with a picket.

더x2 확장···················· 더x3 확장······························· 더x4 확장·······················

↓

자원봉사 단체에서 나온 그 여자는 교통 피켓을 들고 건널목에서 아침 9시부터 10시까지 학교에 있는 아이들을 도
와주었어요.

The woman/ from a volunteer organization/ **helped the**

시작·················· 더x5 확장·· 시작·····················

children/ in the school/ from 9 a.m./ to 10 a.m./ at the

·············· 확장··············· 더 확장················ 더x2 확장················· 더x3 확장·······

crossroads/ with a traffic picket.

····················· 더x4 확장····························

문장 확장하기②

'전치사 + 명사'를 추가하여 문장 확장하기

확장된 다음 문장을 영어로 써 보세요.

그 서점은 미국 문화에 관한 책을 판매해요.

The bookstore sells books _____.

↓

그 서점은 911 테러 이후 미국 문화에 관한 책을 판매해요.

The bookstore sells books about American culture _____.

↓

그 서점은 뉴욕에서 있었던 911 테러 이후 미국 문화에 관한 책을 판매해요.

The bookstore sells books about American culture after 911 Terror

_____.

↓

이번 달부터, 그 서점은 뉴욕에서 있었던 911 테러 이후 미국 문화에 관한 책을 판매해요.

_____, the bookstore sells books about American

culture after 911 Terror in New York.

Day 4. '전치사 + 명사' 여러 개 써서 문장 늘리기   47

↓

이번 달부터 Pico길에 있는 그 서점은 뉴욕에서 있었던 911 테러 이후 미국 문화에 관한 책을 판매해요.

From this month, the bookstore _____ sells books

about American culture after 911 Terror in New York.

↓

이번 달부터, 시청 옆 Pico길에 있는 그 서점은 뉴욕에서 있었던 911 테러 이후 미국 문화에 관한 책을 판매해요.

From this month, the bookstore on Pico Street _____

sells books about American culture after 911 Terror in New York.

다음 페이지에서 정답을 확인하세요.

Check it out
완성 문장 **확인하기**

완성 문장을 확인하고 여러 번 쓰고 읽어 보세요. MP3 **04-02**

그 서점은 미국 문화에 관한 책을 판매해요.

The bookstore sells books about American culture.
시작·· 확장··

⬇

그 서점은 911 테러 이후 미국 문화에 관한 책을 판매해요.

The bookstore sells books about American culture after 911
시작····································· 확장······························· 더 확장···········

Terror.
················

⬇

그 서점은 뉴욕에서 있었던 911 테러 이후 미국 문화에 관한 책을 판매해요.

The bookstore sells books about American culture after 911
시작····································· 확장······························· 더 확장···········

Terror in New York.
·············· 더×2 확장··············

⬇

이번 달부터, 그 서점은 뉴욕에서 있었던 911 테러 이후 미국 문화에 관한 책을 판매해요.

From this month, the bookstore sells books about American
더×3 확장·················· 시작··········· 확장·····················

culture after 911 Terror in New York.
·········· 더 확장············· 더×2 확장·············

↓

이번 달부터 Pico길에 있는 그 서점은 뉴욕에서 있었던 911 테러 이후 미국 문화에 관한 책을 판매해요.

From this month, the bookstore on Pico Street **sells books**

더x3 확장⋯⋯⋯⋯⋯⋯⋯⋯⋯ 시작⋯⋯⋯⋯⋯⋯⋯⋯⋯ 더x4 확장⋯⋯⋯⋯⋯⋯⋯ 시작⋯⋯⋯⋯⋯⋯⋯⋯⋯

about American culture after 911 Terror in New York.

확장⋯⋯⋯⋯⋯⋯⋯⋯⋯⋯⋯⋯⋯⋯ 더 확장⋯⋯⋯⋯⋯⋯⋯⋯⋯ 더x2 확장⋯⋯⋯⋯⋯⋯⋯

↓

이번 달부터, 시청 옆 Pico길에 있는 그 서점은 뉴욕에서 있었던 911 테러 이후 미국 문화에 관한 책을 판매해요.

From this month, the bookstore on Pico Street by the city

더x3 확장⋯⋯⋯⋯⋯⋯⋯⋯ 시작⋯⋯⋯⋯⋯⋯⋯ 더x4 확장⋯⋯⋯⋯⋯ 더x5 확장⋯⋯⋯⋯⋯

hall **sells books** about American culture after 911 Terror

⋯⋯⋯ 시작⋯⋯⋯⋯⋯⋯⋯ 확장⋯⋯⋯⋯⋯⋯⋯⋯⋯⋯⋯⋯ 더 확장⋯⋯⋯⋯⋯

in New York.

더x2 확장⋯⋯⋯⋯⋯⋯⋯⋯

문장 **확장**하기 ③

'전치사 + 명사'를 추가하여 문장 확장하기

확장된 다음 문장을 영어로 써 보세요.

많은 사람들이 인터넷 온라인 코스를 통해서 영어를 공부요.

Many people study English _____ .

↓

많은 사람들이 오프라인 코스 대신 인터넷 온라인 코스를 통해서 영어를 공부해요.

Many people study English through online course _____

_____ .

↓

많은 사람들이 편리함 때문에 오프라인 코스 대신 인터넷 온라인 코스를 통해서 영어를 공부해요.

Many people study English through online course instead of off-line course

_____ .

↓

많은 사람들이 시간과 장소의 편리함 때문에 오프라인 코스 대신 인터넷 온라인 코스를 통해서 영어를 공부해요.

Many people study English through online course instead of off-line course because of the convenience _____.

↓

많은 사람들이 일상생활 속에서 시간과 장소의 편리함 때문에 오프라인 코스 대신 인터넷 온라인 코스를 통해서 영어를 공부해요.

Many people study English through online course instead of off-line course because of the convenience of time and place _____.

↓

우리 주변에 있는 많은 사람들이 일상생활 속에서 시간과 장소의 편리함 때문에 오프라인 코스 대신 인터넷 온라인 코스를 통해서 영어를 공부해요.

Many people _____ study English through online course instead of off-line course because of the convenience of time and place in everyday life.

다음 페이지에서 정답을 확인하세요.

Check it out
완성 문장 **확인하기**

완성 문장을 확인하고 여러 번 쓰고 읽어 보세요. MP3 04-03

많은 사람들이 인터넷 온라인 코스를 통해서 영어를 공부해요.

Many people study English through online course.
_{시작}···_{확장}···

⬇

많은 사람들이 오프라인 코스 대신 인터넷 온라인 코스를 통해서 영어를 공부해요.

Many people study English through online course instead of
_{시작}···_{확장}·····························_{더 확장}·····················

off-line course.
··

⬇

많은 사람들이 편리함 때문에 오프라인 코스 대신 인터넷 온라인 코스를 통해서 영어를 공부해요.

Many people study English through online course instead of
_{시작}···_{확장}·····························_{더 확장}·····················

off-line course because of the convenience.
·····························_{더x2 확장}·····························

↓

많은 사람들이 시간과 장소의 편리함 때문에 오프라인 코스 대신 인터넷 온라인 코스를 통해서 영어를 공부해요.

Many people study English through online course instead of
시작·· 확장 ····································· 더 확장 ···············

off-line course because of the convenience of time and place.
················· 더x2 확장 ···············   ············· 더x3 확장 ·············

↓

많은 사람들이 일상생활 속에서 시간과 장소의 편리함 때문에 오프라인 코스 대신 인터넷 온라인 코스를 통해서 영어를 공부해요.

Many people study English through online course instead of
시작·· 확장 ····································· 더 확장 ···············

off-line course because of the convenience of time and place
··············· 더x2 확장 ···············   ············· 더x3 확장 ·············

in everyday life.
········ 더x4 확장 ·················

↓

우리 주변에 있는 많은 사람들이 일상생활 속에서 시간과 장소의 편리함 때문에 오프라인 코스 대신 인터넷 온라인 코스를 통해서 영어를 공부해요.

Many people around us study English through online course
시작············· 더x5 확장 ············· 시작······························ 확장 ···············

instead of off-line course because of the convenience of time
더 확장 ···················   ··········· 더x2 확장 ···········   ············· 더x3 확장 ···········

and place in everyday life.
············· 더x4 확장 ·············

SENTENCE WRITING

DAY 5

to부정사의 부사적 용법

in order to 주로 in order를 생략하고 '~하기 위해서, ~해서'의 의미로 해석되는
to부정사의 부사적 용법으로 쓰인다.

Ex. I bought it **to give** you.

저는 당신에게 **주기 위해서** 그것을 샀어요.

시작 시간 _____년 _____월 _____일 _____시 _____분

마친 시간 _____년 _____월 _____일 _____시 _____분   총 연습 시간 _____분

(문장.) 시작하기

주어 + 동사 + 목적어

오른쪽에 주어진 단어를 참고로
다음 문장을 영어로 써 보세요.

1   저는 그것을 샀어요.

(　　　　　　　　　　　　　　　　)

● *save*

● *change*

2   우리는 문을 열었어요.

(　　　　　　　　　　　　　　　　)

● *visit*

● *channel*

3   그는 돈을 저축했어요.

(　　　　　　　　　　　　　　　　)

● *buy*

● *open*

4   저는 채널을 바꿨어요.

(　　　　　　　　　　　　　　　　)

● *money*

● *Tony*

5   Tony가 저를 방문했어요.

(　　　　　　　　　　　　　　　　)

● *the*

● *door*

● *me*

다음 페이지에서 정답을 확인하세요.

문장 확장하기

동사를 꾸며주는 to부정사를 추가하여
문장 확장하기

확장된 다음 문장을 영어로 써 보세요.

1 저는 당신에게 주기 위해서 그것을 샀어요.

I bought it _____.

2 우리는 공기를 상쾌하게 바꾸기 위해 문을 열었어요.

We opened the door _____.

3 그는 여행하기 위해 돈을 저축했어요.

He saved money _____.

4 저는 드라마를 보기 위해 채널을 바꿨어요.

I changed the channel _____.

5 Tony가 대화하려고 저를 방문했어요.

Tony visited me _____.

• *talk*

• *travel*

• *refresh*

• *give*

• *the*

• *watch*

• *air*

• *drama*

• *you*

다음 페이지에서 정답을 확인하세요.

문장 **더** 확장하기 ^{EXPAND WRITING +}

전치사구를 추가해서 좀 더 구체적인 문장 만들기

더 확장된 다음 문장을 영어로 써 보세요.

1 저는 당신 생일을 위해 당신에게 주려고 그것을 샀어요.

I bought it to give you .

2 우리는 회의하기 전에 공기를 상쾌하게 바꾸기 위해 문을 열었어요.

We opened the door to refresh the air .

3 그는 여름방학 동안 여행하기 위해 돈을 저축했어요.

He saved money to travel .

4 저는 뉴스 끝나고 드라마를 보기 위해 채널을 바꿨어요.

I changed the channel to watch the drama .

5 Tony가 개인적으로 대화하려고 저를 방문했어요.

Tony visited me to talk .

다음 페이지에서 정답을 확인하세요.

Check it out
완성 문장 **확인하기**

완성 문장을 확인하고 여러 번 쓰고 읽어 보세요. MP3 05-01

1 저는 당신 생일을 위해 당신에게 주려고 그것을 샀어요.

I bought it to give you for your birthday.

시작·························· 확장·························· 더 확장·······························

2 우리는 회의하기 전에 공기를 상쾌하게 바꾸기 위해 문을 열었어요..

We opened the door to refresh the air before the meeting.

시작································· 확장····························· 더 확장·········

3 그는 여름방학 동안 여행하기 위해 돈을 저축했어요.

He saved money to travel during the summer vacation.

시작······················· 확장··············· 더 확장·····························

4 나는 뉴스 끝나고 드라마를 보기 위해 채널을 바꿨어요.

I changed the channel to watch the drama after the news.

시작····························· 확장················· 더 확장···············

5 Tony가 개인적으로 대화하려고 저를 방문했어요.

Tony visited me to talk in private.

시작······················· 확장·········· 더 확장·············

①·문장 응용하기 ① ━━━━━━━━━━━●　APPLY IT

변형된 다음 문장을 영어로 써 보세요.

> to부정사를 문장 제일 앞으로 가져오기 → 강조 효과

1 당신에게 주려고 저는 당신 생일을 위해 그것을 샀어요.

_____, I bought it for your birthday.

2 공기를 상쾌하기 바꾸기 위해 우리는 회의하기 전에 문을 열었어요.

_____, we opened the door before the meeting.

3 여행하기 위해 그는 여름방학 동안 돈을 저축했어요.

_____, he saved money during the summer

vacation.

4 드라마를 보기 위해 저는 뉴스 끝나고 채널을 바꿨어요.

_____, I changed the channel after the news.

5 대화하려고 Tony가 개인적으로 저를 방문했어요.

_____, Tony visited me in private.

📖
다음 페이지에서 정답을 확인하세요.

Check it out
완성 문장 확인하기

완성 문장을 확인하고 여러 번 쓰고 읽어 보세요. MP3 05-02

1 당신에게 주려고 저는 당신 생일을 위해 그것을 샀어요.

To give you, I bought it for your birthday.

2 공기를 상쾌하게 바꾸기 위해 우리는 회의하기 전에 문을 열었어요.

To refresh the air, we opened the door before the meeting.

3 여행하기 위해 그는 여름방학 동안 돈을 저축했어요.

To travel, he saved money during the summer vacation.

4 드라마를 보기 위해 저는 뉴스 끝나고 채널을 바꿨어요.

To watch the drama, I changed the channel after the news.

5 대화하려고 Tony가 개인적으로 저를 방문했어요.

To talk, Tony visited me in private.

문장 응용하기 ②——————● APPLY IT

변형된 다음 문장을 영어로 써 보세요.

전치사구를 문장 제일 앞으로 가져오기 → 강조 효과

1 당신 생일을 위해 저는 당신에게 주려고 그것을 샀어요.

_____, I bought it to give you.

2 회의하기 전에 우리는 공기를 상쾌하게 바꾸기 위해 문을 열었어요.

_____, we opened the door to refresh the air.

3 여름방학 동안 그는 여행하기 위해 돈을 저축했어요.

_____, he saved money to travel.

4 뉴스 끝나고 저는 드라마를 보기 위해 채널을 바꿨어요.

_____, I changed the channel to watch the drama.

5 개인적으로 Tony가 대화하려고 저를 방문했어요.

_____, Tony visited me to talk.

다음 페이지에서 정답을 확인하세요.

Check it out
완성 문장 확인하기

완성 문장을 확인하고 여러 번 쓰고 읽어 보세요. MP3 05-03

1 당신 생일을 위해 저는 당신에게 주려고 그것을 샀어요.

For your birthday, I bought it to give you.

2 회의하기 전에 우리는 공기를 상쾌하게 바꾸기 위해 문을 열었어요.

Before the meeting, we opened the door to refresh the air.

3 여름방학 동안 그는 여행하기 위해 돈을 저축했어요.

During the summer vacation, he saved money to travel.

4 뉴스 끝나고 저는 드라마를 보기 위해 채널을 바꿨어요.

After the news, I changed the channel to watch the drama.

5 개인적으로 Tony가 대화하려고 저를 방문했어요.

In private, Tony visited me to talk.

문장 **더** 확장하기 EXPAND WRITING +

더 확장된 다음 문장을 영어로 써 보세요.

> *to*부정사와 전치사구 모두 앞에 쓰기 → 강조 효과

1 당신 생일을 위해 당신에게 주려고 저는 그것을 샀어요.

_____, I bought it.

2 회의하기 전에 공기를 상쾌하게 바꾸기 위해 우리는 문을 열었어요.

_____, we opened the door.

3 여름방학 동안 여행하기 위해 그는 돈을 저축했어요.

_____, he saved money.

4 뉴스 끝나고 드라마를 보기 위해 저는 채널을 바꿨어요.

_____, I changed the channel.

5 개인적으로 대화하려고 Tony가 저를 방문했어요.

_____, Tony visited me.

다음 페이지에서 정답을 확인하세요.

64 영어 라이팅 훈련 Story writing편

Check it out
완성 문장 확인하기

완성 문장을 확인하고 여러 번 쓰고 읽어 보세요. MP3 05-04

1 당신 생일을 위해 당신에게 주려고 저는 그것을 샀어요.

To give you for your birthday, I bought it.

2 회의하기 전에 공기를 상쾌하게 바꾸기 위해 우리는 문을 열었어요.

To refresh the air before the meeting, we opened the door.

3 여름방학 동안 여행하기 위해 그는 돈을 저축했어요.

To travel during the summer vacation, he saved money.

4 뉴스 끝나고 드라마를 보기 위해 저는 채널을 바꿨어요.

To watch the drama after the news, I changed the channel.

5 개인적으로 대화하려고 Tony가 저를 방문했었어요.

To talk in private, Tony visited me.

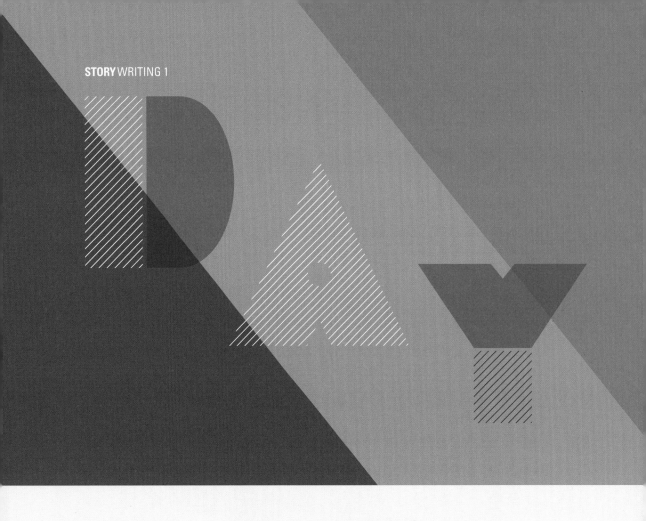

STORY WRITING 1

DAY 1~5 총정리

Who Is Deck?
Deck은 누구일까요?

총정리 순서

STEP 1 기본 구조의 문장으로 구성된 우리말 스토리를 보고 영어로 써보기

STEP 2 구조가 확장된 우리말 스토리를 보고 영어로 써보기

STEP 3 구조가 더 확장된 우리말 스토리를 보고 영어로 써보기

처음부터 끝까지 영어로 쓰는 것이 어렵다면 확장된 부분을 채워 넣어 문장을 완성해보는

Complete the STORY를 먼저 한 후, Write it RIGHT!에 도전해 보세요!

SCHEDULE

Story Writing은 한 주의 학습을 총정리하는 순서라서 하루만에 모두 소화하기에 벅찬 분량인데요, 다 하지 못한 부분은 assignment로 하거나 시간 날 때마다 짬짬이 도전해 보세요! 아래 훈련기록란도 넉넉히 마련해두었습니다.

1차 훈 련 기 록

시작 시간 _____년 _____월 _____일 _____시_____분

마친 시간 _____년 _____월 _____일 _____시_____분

총 연습 시간 _____분

2차 훈 련 기 록

시작 시간 _____년 _____월 _____일 _____시_____분

마친 시간 _____년 _____월 _____일 _____시_____분

총 연습 시간 _____분

3차 훈 련 기 록

시작 시간 _____년 _____월 _____일 _____시_____분

마친 시간 _____년 _____월 _____일 _____시_____분

총 연습 시간 _____분

START WRITING

(스토리.) 시작하기

다음 스토리를 읽고 스토리 라이팅에 도전해 보세요.

Jason과 Deck은 함께 살았어요. 그들은 서로 좋아했답니다.

Jason이 요리를 하고 Deck은 도와주었어요. Jason이 이야기를 하면 Deck은 들었고요. 그들은 함께 뛰어 놀았습니다. Jason이 쉬고 있으면 Deck은 옆에 앉았어요. 가끔 Jason은 외출을 했어요. 그러면 Deck이 따라갔어요.

어느 날, Jason이 열이 났어요. Deck이 도와줬어요. Deck은 5일 동안 기다렸어요. 매일 밤, Jason과 Deck은 이야기를 나눴어요.

안타깝게도 Jason은 숨을 거두었습니다. 사람들이 Jason을 묻었어요. Deck은 보았습니다. Deck은 Jason을 절대 떠나지 않았어요. 그는 하루 종일 남아 있었어요. 사람들은 걱정을 했습니다. 3개월 후, Deck도 숨을 거두었어요. 사람들이 Deck을 묻어주었어요. Deck의 무덤은 작았어요, 매우 작았어요.

왜 그랬을까요?

Deck은 강아지였어요. Deck은 Jason의 강아지였답니다.

P.10 **Learning Theory 4, 5** 참조

Complete
the STORY

스토리를 영어로 옮길 때 빈칸에 들어갈 알맞은 말을 써 보세요.

Jason and Deck _____. They _____.

Jason cooked and Deck _____. Jason _____ and

Deck listened.

They _____. When Jason rested, _____.

Sometimes Jason _____. Then, Deck _____.

One day, Jason _____. Deck helped. Deck _____

for five days.

Every night, Jason and Deck talked.

Sadly, Jason passed away. People _____. Deck saw.

Deck _____. He _____.

People worried. Three months later, Deck _____, too.

People _____.

Deck's tomb _____ small, very small.

Why?

Deck was a puppy. Deck was Jason's puppy.

Write in English

아래 힌트 어휘를 참고하면서 해석을 보고 스토리 라이팅을 해 보세요.

_____

_____

_____

_____

_____

_____

_____

_____

_____

_____

_____

_____

_____

_____

_____

_____

Jason과 Deck은 함께 살았어요. 그들은 서로 좋아했답니다. Jason이 요리를 하고 Deck은 도와주었어요. Jason이 이야기를 하면 Deck은 들었고요. 그들은 함께 뛰어 놀았습니다. Jason이 쉬고 있으면 Deck은 옆에 앉았어요. 가끔 Jason은 외출을 했어요. 그러면 Deck이 따라갔어요. 어느 날, Jason이 열이 났어요. Deck이 도와줬어요. Deck은 5일 동안 기다렸어요. 매일 밤, Jason과 Deck은 이야기를 나눴어요. 안타깝게도 Jason은 숨을 거두었어요. 사람들이 Jason을 묻었어요. Deck은 보았어요. Deck은 Jason을 절대 떠나지 않았어요. 그는 하루 종일 남아 있었어요. 사람들은 걱정을 했어요. 3개월 후, Deck도 숨을 거두었어요. 사람들이 Deck을 묻어주었어요. Deck의 무덤은 작았어요. 매우 작았어요. 왜 그랬을까요? Deck은 강아지였어요. Deck은 Jason의 강아지였답니다.

- **lived together** 함께 살았어요 ● **liked** 좋아했어요 ● **each other** 둘 사이 서로서로 ● **cooked** 요리했어요 ● **helped** 도와주었어요
- **talked** 얘기했어요 ● **listened** 들었어요 ● **ran** 달렸어요, 뛰었어요 ● **played** 놀았어요 ● **when** ~할 때 ● **rested** 쉬었어요 ● **sat** 앉았어요
- **next** 휑 ~옆 ● **sometimes** 가끔 ● **went out** 외출했어요, 나갔어요 ● **then** 그러면 ● **followed** 따라갔어요 ● **one day** 어느 날
- **had** 가졌어요 ● **fever** 열 ● **waited** 기다렸어요 ● **for** 휑 ~동안 ● **every** 매, 매번 ● **sadly** 안타깝게도 ● **passed away** 숨을 거두었어요
- **buried** 묻었어요 ● **saw** 보았어요 ● **never** 결코 ~않는 ● **left** 떠났어요 ● **stayed** 머물렀어요 ● **all day** 하루 종일 ● **worried** 걱정했어요
- **later** 나중에 ● **too** ~역시 ● **Deck's** Deck의 ● **tomb** 무덤 ● **was** ~였어요 ● **very small** 매우 작은 ● **why?** 왜 그랬을까요?

Write it RIGHT

완성된 스토리를 보고 올바로 써본 후, 네이티브 스피커의 음성을 잘 듣고 큰 소리로 따라 읽어 보세요.

WORD COUNT
100
06-01

Jason and Deck lived together. They liked each other.

Jason cooked and Deck helped. Jason talked and Deck listened.

They ran and played together. When Jason rested, Deck sat next.

Sometimes Jason went out. Then, Deck followed.

One day, Jason had a fever. Deck helped. Deck waited for five days.

Every night, Jason and Deck talked.

Sadly, Jason passed away. People buried Jason. Deck saw.

Deck never left Jason. He stayed all day. People worried.

Three months later, Deck passed away, too. People buried Deck.

Deck's tomb was small, very small.

Why?

Deck was a puppy. Deck was Jason's puppy.

스토리 확장하기

다음 스토리를 읽고 스토리 라이팅에 도전해 보세요.

Jason과 Deck은 오두막에서 함께 살았어요. 그들은 서로 좋아했답니다. Jason이 부엌에서 요리를 하고 Deck은 도와주었어요. Jason이 이런저런 것에 대해서 이야기를 하면 Deck은 그의 말을 들었고요. 그들은 뒷마당에서 함께 뛰어 놀았습니다. Jason이 의자에서 쉬고 있으면 Deck은 그의 옆에 앉았어요. 가끔 Jason은 외출을 했어요. 그러면 Deck이 따라갔어요.

어느 날, Jason은 밤에 열이 났어요. Deck이 도와줬어요. Deck은 5일 동안 Jason 옆에서 기다렸어요. 매일 밤, Jason과 Deck은 침대에서 이야기를 나눴어요. 안타깝게도 Jason은 숨을 거두었습니다. 사람들이 Jason을 묻었어요. Deck이 사람들 가운데에서 보고 있었습니다. Deck은 Jason을 절대 떠나지 않았어요. 그는 하루 종일 남아 있었어요. 사람들은 그에 대해서 걱정을 했습니다. 3개월 후, Deck도 숨을 거두었어요. 사람들이 Jason 옆에 Deck을 묻어주었어요. Deck의 무덤은 작았어요, 다른 것들 중에 매우 작았어요.

왜 그랬을까요?

Deck은 강아지였어요. Deck은 Jason의 강아지였답니다.

Complete
the STORY

스토리를 영어로 옮길 때 빈칸에 들어갈 알맞은 말을 써 보세요.

Jason and Deck lived _____ together. They liked each other.

Jason cooked _____ and Deck helped.

Jason talked _____ and Deck listened _____.

They ran and played _____ together.

When Jason rested _____, Deck sat _____.

Sometimes Jason went out. Then, Deck followed.

One day, Jason had a fever _____. Deck helped.

Deck waited for five days _____. Every night, Jason and Deck talked

_____. Sadly, Jason passed away. People buried jason. Deck saw

_____.

Deck naver left jason. He stayed all day. People worried _____.

Three months later, Deck passed away, too. People buried Deck _____.

Deck's tomb was small, very small _____.

Why?

Deck was a puppy. Deck was Jason's puppy.

Write in English

아래 힌트 어휘를 참고하면서 해석을 보고 스토리 라이팅을 해 보세요.

Jason과 Deck은 오두막에서 함께 살았어요. 그들은 서로 좋아했답니다. Jason이 부엌에서 요리를 하고 Deck은 도와주었어요. Jason이 이런저런 것에 대해서 이야기를 하면 Deck은 그의 말을 들었고요. 그들은 뒷마당에서 함께 뛰어 놀았습니다. Jason이 의자에서 쉬고 있으면 Deck은 그의 옆에 앉았어요. 가끔 Jason은 외출을 했어요. 그러면 Deck이 따라갔어요. 어느 날, Jason은 밤에 열이 났어요. Deck이 도와줬어요. Deck은 5일 동안 Jason 옆에서 기다렸어요. 매일 밤, Jason과 Deck은 침대에서 이야기를 나눴어요. 안타깝게도 Jason은 숨을 거두었습니다. 사람들이 Jason을 묻었어요. Deck이 사람들 가운데에서 보고 있었습니다. Deck은 Jason을 절대 떠나지 않았어요. 그는 하루 종일 남아 있었어요. 사람들은 그에 대해서 걱정을 했습니다. 3개월 후, Deck도 숨을 거두었어요. 사람들이 Jason 옆에 Deck을 묻어주었어요. Deck의 무덤은 작았어요. 다른 것들 중에 매우 작았어요. 왜 그랬을까요? Deck은 강아지였어요. Deck은 Jason의 강아지였답니다.

● **lived** 살았습니다 ● **in** 전 (장소) ~안에, ~에 ● **cottage** 오두막 ● **liked** 좋아했습니다 ● **kitchen** 부엌 ● **about** 전 ~에 관해서, ~에 대해서
● **things** 이런저런 것들 ● **listened to** ~을 (집중해서) 들었어요, 경청했어요 ● **ran and played** 뛰며 놀았어요 ● **backyard** 뒷마당
● **when** ~할 때, ~일 때 ● **rested** 쉬었어요 ● **on** 전 (장소) ~(표면) 위에, ~에 ● **chair** 의자 ● **next to** 전 ~옆에 ● **went out** 외출했어요
● **then** 그러면 ● **followed** 따라갔어요 ● **one day** 어느 날 ● **had** 가졌어요 ● **fever** 열 ● **at** 전 (시간) ~에 ● **night** 밤 ● **for** 전 ~동안
● **every night** 매일 밤 ● **talked** 얘기했어요 ● **bed** 침대 ● **sadly** 안타깝게도 ● **among** 전 (여러 개) ~ 가운데 ● **never** 결코 ~ 않는
● **left** 떠났다 ● **stayed** 머물렀어요 ● **all day** 하루 종일 ● **about** 전 ~에 관해서, ~에 대해서 ● **later** 나중에 ● **Deck's** Deck의
● **others** 다른 것들

Write it RIGHT

완성된 스토리를 보고 올바로 써본 후, 네이티브 스피커의 음성을 잘 듣고 큰 소리로 따라 읽어 보세요.

Jason and Deck lived **in a cottage** together. They liked each other.

Jason cooked **in the kitchen** and Deck helped.

Jason talked **about things** and Deck listened **to him**.

They ran and played **in the backyard** together.

When Jason rested **on the chair**, Deck sat **next to him**.

Sometimes Jason went out. Then, Deck followed.

One day, Jason had a fever **at night**. Deck helped.

Deck waited for five days **next to Jason**. Every night, Jason and Deck talked

in a bed.

Sadly, Jason passed away. People buried Jason. Deck saw **among people**.

Deck never left Jason. He stayed all day. People worried **about him**.

Three months later, Deck passed away, too. People buried Deck **next to**

Jason.

Deck's tomb was small, very small **among others**.

Why?

Deck was a puppy. Deck was Jason's puppy.

스토리 더 확장하기

다음 스토리를 읽고 스토리 라이팅에 도전해 보세요.

오랫동안 Jason과 Deck은 강 옆에 있는 오두막에서 함께 살았어요. 그들은 서로 좋아했답니다.

Jason이 저녁을 위해서 부엌에서 요리를 하고 Deck은 도와주었어요. Jason이 자기 주변에 있는 이런저런 것에 대해서 이야기를 하면 Deck은 그의 말을 들었고요. 그들은 저녁을 먹은 후에 뒷마당에서 함께 뛰어 놀았습니다. Jason이 저녁에 의자에서 쉬고 있으면 Deck은 그의 옆에 앉았어요. 가끔 Jason은 외출을 했어요. 그러면 Deck이 따라갔어요.

어느 날, Jason은 감기 때문에 밤에 열이 났어요. Deck이 도와줬어요. Deck은 5일 동안 Jason 옆에서 기다렸어요. 매일 밤, Jason과 Deck은 침대에서 이야기를 나눴어요.

안타깝게도 Jason은 숨을 거두었습니다. 사람들이 Jason을 묻었어요. Deck이 장례식이 진행되는 동안에 사람들 가운데에서 보고 있었어요. Deck은 Jason을 절대 떠나지 않았어요. 그는 하루 종일 남아 있었어요. 사람들은 Jason 곁에 있는 그에 대해서 걱정을 했어요. 3개월 후, Deck도 숨을 거두었어요. 사람들이 Jason 옆에 Deck을 묻어주었어요. Deck의 무덤은 작았어요. Tuscany의 공원 묘지에 있는 다른 것들 중에 매우 작았어요.

왜 그랬을까요?

Deck은 강아지였어요. Deck은 Jason의 강아지였답니다.

Complete
the STORY

스토리를 영어로 옮길 때 빈칸에 들어갈 알맞은 말을 써 보세요.

_____ Jason and Deck lived

_____ together. They liked each other.

Jason cooked _____ and Deck helped.

Jason talked _____ and Deck listened to him.

They ran and played _____ .

When Jason rested _____ , Deck sat next to him.

Sometimes Jason went out. Then, Deck followed.

One day, Jason had a fever _____ .

Deck helped. Deck waited for five days next to Jason. Every night, Jason and

Deck talked in a bed. Sadly, Jason passed away. People buried Jason.

Deck saw _____ .

Deck never left Jason. He stayed all day.

People worried _____ .

Three months later, Deck passed away, too.

People buried Deck next to Jason.

Deck's tomb was small, very small _____ .

Why?

Deck was a puppy. Deck was Jason's puppy.

Write in English

아래 힌트 어휘를 참고하면서 해석을 보고 스토리 라이팅을 해 보세요.

_____

_____

_____

_____

_____

_____

_____

_____

_____

_____

_____

_____

_____

_____

오랫동안 Jason과 Deck은 강 옆에 있는 오두막에서 함께 살았어요. 그들은 서로 좋아했답니다. Jason이 저녁을 위해서 부엌에서 요리를 하고 Deck은 도와주었어요. Jason이 자기 주변에 있는 이런저런 것에 대해서 이야기를 하면 Deck은 그의 말을 들었고요. 그들은 저녁을 먹은 후에 뒷마당에서 함께 뛰어 놀았습니다. Jason이 저녁에 의자에서 쉬고 있으면 Deck은 그의 옆에 앉았어요. 가끔 Jason은 외출을 했어요. 그러면 Deck이 따라갔어요. 어느 날, Jason은 감기 때문에 밤에 열이 났어요. Deck이 도와줬어요. Deck은 5일 동안 Jason옆에서 기다렸어요. 매일 밤, Jason과 Deck은 침대에서 이야기를 나눴어요. 안타깝게도 Jason은 숨을 거두었습니다. 사람들이 Jason을 묻었어요. Deck이 장례식이 진행되는 동안에 사람들 가운데에서 보고 있었어요. Deck은 Jason을 절대 떠나지 않았어요. 그는 하루 종일 남아 있었어요. 사람들은 Jason 곁에 있는 그에 대해서 걱정을 했어요. 3개월 후, Deck도 숨을 거두었어요. 사람들이 Jason 옆에 Deck을 묻어주었어요. Deck의 무덤은 작았어요. Tuscany의 공원 묘지에 있는 다른 것들 중에 매우 작았어요. 왜 그랬을까요? Deck은 강아지였어요. Deck은 Jason의 강아지였답니다.

● for 전 ~동안 ● a long time 오랜 시간 ● in 전 (장소) ~안에, ~안 ● near 전 ~근처에 ● river 강 ● for 전 ~을 위해서 ● dinner 저녁 식사 ● about 전 ~에 대해서, ~관해서 ● things 이런저런 것 ● around 전 ~주변에 ● listened to ~을 (집중해서) 들었어요, 경청했어요. ● after 전 ~후에 ● when ~할 때, ~일 때 ● on 전 (장소) ~ (표면) 위에 ● in 전 (시간) ~에 ● evening 저녁 ● next to 전 ~옆에 ● went out 외출했어요 ● then 그러면 ● at 전 (시간) ~에 ● night 밤 ● because of 전 ~때문에 ● a cold 감기 ● for 전 ~동안 ● sadly 안타깝게도 ● among 전 (여러 개) ~가운데 ● during 전 (특정 시간) ~동안에 ● funeral 장례 ● never 결코 ~않는 ● all day 하루 종일 ● was ~였다 ● very small 매우 작은 ● others 다른 것들 ● cemetery park 공원 묘지 ● in 전 (넓은 장소) ~에 ● Tuscany 토스카니 (지명 이름)

Write it RIGHT

완성된 스토리를 보고 올바로 써본 후, 네이티브 스피커의 음성을 잘 듣고 큰 소리로 따라 읽어 보세요.

WORD COUNT
167

06-03

For a long time Jason and Deck lived **in a cottage near a river** together.

They liked each other. Jason cooked **in the kitchen for dinner** and Deck helped.

Jason talked **about things around him** and Deck listened to him.

They ran and played **in the backyard after dinner**.

When Jason rested **on the chair in the evening**, Deck sat next to him.

Sometimes Jason went out. Then, Deck followed.

One day, Jason had a fever **at night because of a cold**. Deck helped.

Deck waited for five days next to Jason. Every night, Jason and Deck talked in a bed. Sadly, Jason passed away. People buried Jason.

Deck saw **among people during the funeral**.

Deck never left Jason. He stayed all day.

People worried **about him next to Jason**.

Three months later, Deck passed away, too.

People buried Deck next to Jason.

Deck's tomb was small, very small **among others in the cemetery park in Tuscany**.

Why?

Deck was a puppy. Deck was Jason's puppy.

스토리 더 ×2 확장하기

다음 스토리를 읽고 스토리 라이팅에 도전해 보세요.

오랫동안 Jason과 Deck은 강 근처에 있는 오두막에서 함께 살았어요. 그들은 서로 좋아했답니다.

Jason이 저녁을 위해서 부엌에서 요리를 하고 Deck은 Jason의 수고를 덜어주기 위해서 도와주었어요. Jason이 Deck을 즐겁게 하기 위해서 자기 주변에 있는 이런 저런 것에 대해서 이야기를 하면 Deck은 그의 말을 들었고요. 즐거운 시간을 갖기 위해서 그들은 저녁을 먹은 후에 뒷마당에서 함께 뛰어 놀았습니다. Jason이 휴식을 취하기 위해서 저녁에 의자에서 쉬고 있으면 Deck은 그의 옆에 앉았어요. 가끔 Jason은 물건을 사기 위해서 외출을 했어요. 그러면 Deck이 Jason을 돕기 위해서 따라갔어요.

어느 날, Jason은 감기 때문에 밤에 열이 났어요. Deck이 도와줬어요. Jason에게 용기를 주기 위해서 Deck은 5일 동안 그의 옆에서 기다렸어요. 매일 밤, Jason과 Deck은 침대에서 이야기를 나눴어요.

안타깝게도 Jason은 숨을 거두었습니다. 사람들이 Jason을 묻었어요. Deck이 장례식이 진행되는 동안에 사람들 가운데에서 보고 있었습니다. Deck은 Jason을 절대 떠나지 않았어요. 그는 Jason을 지키기 위해서 하루 종일 남아 있었어요. 사람들은 Jason 곁에 있는 그에 대해서 걱정을 했습니다. 3개월 후, Deck도 숨을 거두었어요. 사람들이 둘이 함께 머물게 하기 위해서 Jason 옆에 Deck을 묻어주었어요. Deck의 무덤은 작았어요. Tuscany의 공원 묘지에 있는 다른 것들 중에 매우 작았어요.

왜 그랬을까요?

Deck은 강아지였어요. Deck은 Jason의 강아지였답니다.

Complete
the STORY

더 확장된 구조의 다음 스토리를 영어로 써 보세요.

For a long time Jason and Deck lived in a cottage near a river together. They liked each other.

Jason cooked in the kitchen for dinner and Deck helped _____. Jason talked about things around him _____ and Deck listened to him. _____ they ran and played in the backyard after dinner. When Jason rested on the chair in the evening in order to relax, Deck sat next to him. Sometimes Jason went out _____. Then, Deck followed _____. One day, Jason had a fever at night because of a cold. Deck helped. _____ Deck waited for five days next to him. Every night, Jason and Deck talked in a bed.

Sadly, Jason passed away. People buried Jason. Deck saw among people during the funeral. Deck never left Jason. He stayed all day _____.

People worried about him next to Jason. Three months later, Deck passed away, too. People buried Deck next to Jason _____.

Deck's tomb was small, very small among others in the cemetery park in Tuscany.

Why?

Deck was a puppy. Deck was Jason's puppy.

Write in English

아래 힌트 어휘를 참고하면서 해석을 보고 스토리 라이팅을 해 보세요.

오랫동안 Jason과 Deck은 강 근처에 있는 오두막에서 함께 살았어요. 그들은 서로 좋아했답니다. Jason이 저녁을 위해서 부엌에서 요리를 하고 Deck은 Jason의 수고를 덜어주기 위해서 도와주었어요. Jason이 Deck을 즐겁게 하기 위해서 자기 주변에 있는 이런저런 것에 대해서 이야기를 하면 Deck은 그의 말을 들었고요. 즐거운 시간을 갖기 위해서 그들은 저녁을 먹은 후에 뒷마당에서 함께 뛰어 놀았습니다. Jason이 휴식을 취하기 위해서 저녁에 의자에서 쉬고 있으면 Deck은 그의 옆에 앉았어요. 가끔 Jason은 물건을 사기 위해서 외출을 했어요. 그러면 Deck이 Jason을 돕기 위해서 따라갔어요. 어느 날, Jason은 감기 때문에 밤에 열이 났어요. Deck이 도와줬어요. Jason에게 용기를 주기 위해서 Deck은 5일 동안 그의 옆에서 기다렸어요. 매일 밤, Jason과 Deck은 침대에서 이야기를 나눴어요. 안타깝게도 Jason은 숨을 거두었습니다. 사람들이 Jason을 묻었어요. Deck이 장례식이 진행되는 동안에 사람들 가운데에서 보고 있었어요. Deck은 Jason을 절대 떠나지 않았어요. 그는 Jason을 지키기 위해서 하루 종일 남아 있었어요. 사람들은 Jason 곁에 있는 그에 대해서 걱정을 했어요. 3개월 후, Deck도 숨을 거두었어요. 사람들이 둘이 함께 머물게 하기 위해서 Jason 옆에 Deck을 묻어주었어요. Deck의 무덤은 작았어요. Tuscany의 공원 묘지에 있는 다른 것들 중에 매우 작았어요. 왜 그랬을까요? Deck은 강아지였어요. Deck은 Jason의 강아지였답니다.

●**for a long time** 오랫동안 ●**lived in** ～에 살았습니다 ●**near** ～ 근처에 ●**for dinner** 저녁을 위해서, 저녁으로
●**in order to** ～하기 위해서, ～하기 위하여(to로 짧게 줄여서 사용하는 것이 일반적) ●**lighten** (힘든 것을) 덜어주다, 가볍게 하다
●**Jason's work** Jason의 수고[일] ●**talked about** ～에 대해서 이야기를 하다 ●**make ~ happy** ～을 행복하게 만들다
●**listened to** ～을 (집중해서) 들었어요, 경청했어요 ●**in order to have** 가지기 위해서 ●**a good time** 좋은 시간, 즐거운 시간
●**after dinner** 저녁 식사 후에 ●**relax** 휴식을 취하다 ●**in order to shop** (물건을) 사기 위해서 ●**in order to help** 돕기 위해서
●**because of** ～ 때문에 ●**encourage** 용기를 주다, 북돋아 주다 ●**during** (특정한 시간) ～동안에 ●**never left** 결코 떠나지 않았다
●**stayed all day** ～하루 종일 남아있었어요, 머물렀어요 ●**watch** 지키다, 자세히 보다 ●**worried about** ～에 관해서 걱정했어요
●**next to Jason** Jason 곁에 ●**in order to have** ～하게 하기 위해서 ●**stay together** 함께 머무르다

Write it RIGHT

완성된 스토리를 보고 올바로 써본 후, 네이티브 스피커의 음성을 잘 듣고 큰 소리로 따라 읽어 보세요.

For a long time Jason and Deck lived in a cottage near a river together. They liked each other.

Jason cooked in the kitchen for dinner and Deck helped **in order to lighten Jason's work**. Jason talked about things around him **in order to make Deck happy** and Deck listened to him. **In order to have a good time**, they ran and played in the backyard after dinner. When Jason rested on the chair in the evening **in order to relax**, Deck sat next to him. Sometimes Jason went out **in order to shop**. Then, Deck followed **in order to help Jason**. One day, Jason had a fever at night because of a cold. Deck helped. **In order to encourage Jason**, Deck waited for five days next to him. Every night, Jason and Deck talked in a bed.

Sadly, Jason passed away. People buried Jason. Deck saw among people during the funeral. Deck never left Jason. He stayed all day **in order to watch Jason**. People worried about him next to Jason. Three months later, Deck passed away, too. People buried Deck next to Jason **in order to have them stay together**. Deck's tomb was small, very small among others in the cemetery park in Tuscany.

Why?

Deck was a puppy. Deck was Jason's puppy.

There is/are의 사용

There is + 단수 명사 '~이 있다'라는 뜻으로 is 다음에는 단수 명사를 쓴다.

Ex. **There is** a problem. 문제가 하나 **있어요.**

There are + 복수 명사 '~이 있다'라는 뜻으로 are 다음에는 복수 명사를 쓴다.

Ex. **There are** many people. 많은 사람들이 **있어요.**

시작 시간 _____년 _____월 _____일 _____시 _____분

마친 시간 _____년 _____월 _____일 _____시 _____분   총 연습 시간 _____분

1 ● **START** WRITING

(문장.) 시작하기

주어 + be + there

오른쪽에 주어진 단어를 참고로
다음 문장을 영어로 써 보세요.

1 많은 사람들이 거기에 있어요.

( )

● *no one*

● *there*

2 두 개의 예가 거기에 있어요.

( )

● *many*

● *problem*

3 문제가 하나 여기에 있어요.

( )

● *gas station*

● *example*

4 주유소 하나가 거기에 있어요.

( )

● *people*

● *two*

● *are*

5 아무도 거기에 없어요.

( )

● *is*

다음 페이지에서 정답을 확인하세요.

1 많은 사람들이 거기에 있어요.

Many people are there.

2 두 개의 예가 거기에 있어요.

Two examples are there.

3 문제가 하나 여기에 있어요.

A problem is there.

4 주유소 하나가 거기에 있어요.

A gas station is there.

5 아무도 거기에 없어요.

No one is there.

❖ no one이라는 부정의 표현 때문에 '없다'라고 해석해야 한다.

문장 확장하기

> *There is/are ~를 앞으로 보내어 '있다'라는 '존재'의 의미를 강조하기*

확장된 다음 문장을 영어로 써 보세요.

1 거기에 있어요/ 많은 사람들이 ➡ 많은 사람들이 있어요.

_____ many people.

- *there*
- *is*
- *are*

2 거기에 있어요/ 두 개의 예가 ➡ 두 개의 예가 있어요.

_____ two examples.

3 거기에 있어요/ 문제가 하나 ➡ 문제가 하나 있어요.

_____ a problem.

4 거기에 있어요/ 주유소 하나가 ➡ 주유소가 하나 있어요.

_____ a gas station.

5 거기에 있어요/ 아무도 ➡ 아무도 없어요.

_____ no one.

❖ 물건이나 사람이 특정 장소 'there'에 있는 것은 당연하므로 there에 대한 해석은 하지 않는다.

다음 페이지에서 정답을 확인하세요.

'전치사 + 명사'를 추가하여 문장 확장하기

더 확장된 다음 문장을 영어로 써 보세요.

1 버스 안에 많은 사람들이 있어요.

There are many people _____ .

2 이것을 위한 두 개의 예가 있어요.

There are two examples _____ .

3 그것에는 문제가 하나 있어요.

There is a problem _____ .

4 코너에 주유소가 하나 있어요.

There is a gas station _____ .

5 방에 아무도 없어요.

There is no one _____ .

• corner
• for
• bus
• the
• at
• with
• it
• room
• in
• this

📖
다음 페이지에서 정답을 확인하세요.

Check it out
완성 문장 **확인하기**

완성 문장을 확인하고 여러 번 쓰고 읽어 보세요. MP3 07-02

1 버스 안에 많은 사람들이 있어요.

There are many people in the bus.

확장·································· 더 확장·····················

2 이것을 위한 두 개의 예가 있어요.

There are two examples for this.

확장·································· 더 확장·············

3 그것에는 문제가 하나 있어요.

There is a problem with it.

확장·································· 더 확장··········

4 코너에 주유소가 하나 있어요.

There is a gas station at the corner.

확장·································· 더 확장·····················

5 방에 아무도 없어요.

There is no one in the room.

확장·································· 더 확장·················

문장 응용하기 〰〰〰〰〰〰〰● APPLY IT

변형된 다음 문장을 영어로 써 보세요.

is/are를 was/were로 바꾸어서
과거 시제로 만들어 보기

1   많은 사람들이 있었어요.

_____.

2   두 개의 예가 있었어요.

_____.

3   문제가 하나 있었어요.

_____.

4   주유소가 하나 있었어요.

_____.

5   아무도 없었어요.

_____.

- example
- problem
- gas station
- no one
- people
- two
- there
- many

다음 페이지에서 정답을 확인하세요.

완성 문장을 확인하고 여러 번 쓰고 읽어 보세요. MP3 07-03

1 많은 사람들이 있었어요.

There were many people.

2 두 개의 예가 있었어요.

There were two examples.

3 문제가 하나 있었어요.

There was a problem.

4 주유소가 하나 있었어요.

There was a gas station.

5 아무도 없었어요.

There was no one.

SENTENCE WRITING

DAY 8

빈도수 높은 형용사의 사용

형용사 성격, 상태 등을 나타내는 말로, 주로 명사 앞에서 해당 명사를 꾸며준다.
'형용사 + 명사'를 하나의 단어 덩어리로 외워두자.

Ex. **Young** people like the food in the **romantic** restaurant.

젊은 사람들은 그 **로맨틱한** 식당의 음식을 좋아해요.

시작 시간 _____년 _____월 _____일 _____시 _____분

마친 시간 _____년 _____월 _____일 _____시 _____분   총 연습 시간 _____분

(문장.) 시작하기

주어 + 동사 + 목적어

오른쪽에 주어진 단어를 참고로
다음 문장을 영어로 써 보세요.

1 저는 질문이 하나 있어요. ⋯ 문장 확장하기 1에서 확장

(　　　　　　　　　　　　　　　)

2 사람들은 그 식당의 음식을 좋아해요. ⋯ 문장 확장하기 2에서 확장

(　　　　　　　　　　　　　　　)

3 그 제품이 시장에서 히트 쳤어요. ⋯ 문장 확장하기 3에서 확장

(　　　　　　　　　　　　　　　)

4 그 책이 한 이야기를 전해주고 있어요. ⋯ 문장 확장하기 4에서 확장

(　　　　　　　　　　　　　　　)

- *restaurant*
- *hit*
- *story*
- *question*
- *food*
- *product*
- *have*
- *people*
- *market*
- *like*
- *tell*

다음 페이지에서 정답을 확인하세요.

> 명사를 수식해주는 다양한 형용사 바꾸어 써보기

확장된 다음 문장을 영어로 써 보세요.

저는 잠깐 질문이 있어요.

I have a _____ question.

• *short*

• *easy*

• *simple*

• *one*

• *quick*

저는 간단한 질문이 있어요.

I have a _____ question.

저는 짧은 질문이 있어요.

I have a _____ question.

저는 쉬운 질문이 있어요.

I have an _____ question.

저는 한 개의 질문이 있어요.

I have _____ question.

다음 페이지에서 정답을 확인하세요.

Check it out
완성 문장 확인하기

완성 문장을 확인하고 여러 번 쓰고 읽어 보세요. MP3 08-01

저는 잠깐 질문이 있어요.

I have a quick question.

시작·················· 확장·········· 시작··················

저는 간단한 질문이 있어요.

I have a simple question.

시작·················· 확장·············· 시작··············

저는 짧은 질문이 있어요.

I have a short question.

시작·················· 확장·········· 시작··············

저는 쉬운 질문이 있어요.

I have an easy question.

시작······················ 확장········ 시작··············

저는 한 개의 질문이 있어요.

I have one question.

시작············ 확장······· 시작···············

확장된 다음 문장을 영어로 써 보세요.

많은 사람들은 그 유기농 식당의 음식을 좋아해요.

_____ people like the food in the _____ restaurant.

외국인들은 그 전통 식당의 음식을 좋아해요.

_____ people like the food in the _____ restaurant.

동네 사람들은 그 저렴한 식당의 음식을 좋아해요.

_____ people like the food in the _____ restaurant.

젊은 사람들은 그 로맨틱한 식당의 음식을 좋아해요.

_____ people like the food in the _____ restaurant.

도시 사람들은 그 현대적인 식당의 음식을 좋아해요.

_____ people like the food in the _____ restaurant.

다음 페이지에서 정답을 확인하세요.

완성 문장을 확인하고 여러 번 쓰고 읽어 보세요. MP3 08-02

많은 사람들은 그 유기농 식당의 음식을 좋아해요.

Many **people like the food in the** organic **restaurant.**

확장·········· 시작······························· 확장·········· 시작······················

외국인들은 그 전통식당의 음식을 좋아해요.

Foreign **people like the food in the** traditional **restaurant.**

확장·········· 시작······························· 확장·········· 시작······················

동네 사람들은 그 저렴한 식당의 음식을 좋아해요.

Local **people like the food in the** inexpensive **restaurant.**

확장·········· 시작······························· 확장·········· 시작······················

젊은 사람들은 그 로맨틱한 식당의 음식을 좋아해요.

Young **people like the food in the** romantic **restaurant.**

확장·········· 시작······························· 확장·········· 시작······················

도시 사람들은 그 현대적인 식당의 음식을 좋아해요.

Urban **people like the food in the** modern **restaurant.**

확장·········· 시작······························· 확장·········· 시작······················

문장 확장하기 ③

명사를 수식해주는 다양한 형용사 바꾸어 써보기

확장된 다음 문장을 영어로 써 보세요.

그 새로운 제품은 유럽 시장에서 히트를 쳤어요.

The _____ product hit the _____ market.

그 하이테크 제품은 세계 시장에서 히트를 쳤어요.

The _____ product hit the _____ market.

그 흥미로운 제품은 국내 시장에서 히트를 쳤어요.

The _____ product hit the _____ market.

그 건강 제품은 대중 시장에서 히트를 쳤어요.

The _____ product hit the _____ market.

그 편리한 제품은 다양한 시장에서 히트를 쳤어요.

The _____ product hit the _____ markets.

다음 페이지에서 정답을 확인하세요.

Check it out
완성 문장 확인하기

완성 문장을 확인하고 여러 번 쓰고 읽어 보세요. MP3 08-03

그 새로운 제품은 유럽 시장에서 히트를 쳤어요.

The new product hit the European market.

시작······· 확장········· 시작····························· 확장························· 시작··················

그 하이테크 제품은 세계 시장에서 히트를 쳤어요.

The high-tech product hit the global market.

시작······· 확장···················· 시작····························· 확장·············· 시작···············

그 흥미로운 제품은 국내 시장에서 히트를 쳤어요.

The interesting product hit the domestic market.

시작······· 확장···················· 시작····························· 확장·············· 시작···············

그 건강 제품은 대중 시장에서 히트를 쳤어요.

The healthy product hit the public market.

시작······· 확장··········· 시작····························· 확장·············· 시작···············

그 편리한 제품은 다양한 시장에서 히트를 쳤어요.

The convenient product hit the various markets.

시작······· 확장···················· 시작····························· 확장·············· 시작···············

확장된 다음 문장을 영어로 써 보세요.

그 가장 최근에 나온 책이 한 감춰진 이야기를 전해주고 있어요.

The _____ book tells a _____ story.

그 유명한 책이 감탄스러울 정도로 놀라운 한 이야기를 전해주고 있어요.

The _____ book tells an _____ story.

그 두꺼운 책이 한 신비한 이야기를 전해주고 있어요.

The _____ book tells a _____ story.

그 오래된 책이 한 비밀스러운 이야기를 전해주고 있어요.

The _____ book tells a _____ story.

그 노벨상을 수상한 책이 한 감동적인 이야기를 전해주고 있어요.

The _____ book tells an _____ story.

다음 페이지에서 정답을 확인하세요.

Check it out
완성 문장 확인하기

완성 문장을 확인하고 여러 번 쓰고 읽어 보세요. MP3 08-04

그 가장 최근에 나온 책이 한 감춰진 이야기를 전해주고 있어요.

The latest book tells a hidden story.

시작······· 확장··········· 시작································· 확장················ 시작···········

그 유명한 책이 감탄스러울 정도로 놀라운 한 이야기를 전해주고 있어요.

The famous book tells an amazing story.

시작······· 확장···················· 시작····························· 확장····················· 시작···········

그 두꺼운 책이 한 신비한 이야기를 전해주고 있어요.

The thick book tells a mysterious story.

시작······· 확장·········· 시작···························· 확장······························· 시작···········

그 오래된 책이 한 비밀스러운 이야기를 전해주고 있어요.

The old book tells a secret story.

시작······· 확장····· 시작···························· 확장·············· 시작···········

그 노벨상을 수상한 책이 한 감동적인 이야기를 전해주고 있어요.

The Nobel Prize winning book tells an impressive story.

시작······· 확장····································· 시작························· 확장················ 시작···········

격식을 차리지 않는 일상 대화(informal speaking)에서는 강조를 위해서 형용사를 명사 뒤로 넘길 수 있다. 내용이 어색해지지 않는 범위 내에서 모든 형용사를 명사 뒤로 넘겨서 말할 수 있지만 writing에서는 가급적 자제하는 것이 좋다.

다음 문장을 말하고 써 보세요.

● 저는 질문이 있어요, 잠깐.

I have a question, **quick.**

● 저는 질문이 있어요, 간단한 것.

I have a question, **simple.**

● 저는 질문이 있어요, 짧은 것.

I have a question, **short.**

● 저는 질문이 있어요, 쉬운 것.

I have a question, **easy.**

● 저는 질문이 있어요, (단지) 한 개.

I have question, **(just) one.**

thing: 이 명사는 어느 형용사와 써도 말이 되는 놀라운 능력을 가지고 있다. 그러나 특정 단어의 지나친 반복을 싫어하는 writing에서는 '~ thing'의 사용을 자제하자.

다음의 형용사에 thing(s)를 붙여서 말하고 써 보세요. 익숙해지면 thing(s) 대신에 구체적인 명사 단어를 써 보세요.

strong thing	interesting thing	soft thing	delightful thing
nice thing	amazing thing	foreign thing	difficult thing
beautiful thing	important thing	wise thing	direct thing
kind thing	ideal thing	special thing	dirty thing
tall thing	usual thing	common thing	dry thing
wild thing	expensive thing	various thing	empty thing
local thing	fresh thing	warm thing	essential thing
first thing	large thing	adequate thing	fair thing
sudden thing	fatal thing	angry thing	familiar thing
new thing	pure thing	bright thing	fast thing
delicious thing	brown thing	busy thing	flat thing
quiet thing	long thing	calm thing	foolish thing
true thing	physical thing	certain thing	fragile thing
different thing	easy thing	cheap thing	free thing
last thing	little thing	comfortable thing	full thing
western thing	open thing	great thing	clear thing
heavy thing	complete thing	hard thing	funny thing
light thing	convenient thing	healthy thing	dark thing
serious thing	hot thing	unique thing	clean thing
cool thing	humid thing	happy thing	wonderful thing
hungry thing	accurate thing	modern thing	deep thing

SENTENCE WRITING

to부정사의 형용사적 용법

to부정사 'to + 동사원형'의 형태를 말하며 to부정사에는
명사적 용법, 형용사적 용법, 부사적 용법이 있다.

형용사적 용법 'to + 동사원형'이 명사를 꾸며주는 형용사의 역할을 하는 것을 말하며
'～할'로 해석된다.

Ex. I looked for books **to read**. 나는 **읽을** 책을 찾고 있었어요.

시작 시간 _____년 _____월 _____일 _____시 _____분

마친 시간 _____년 _____월 _____일 _____시 _____분   총 연습 시간 _____분

어구 시작하기

명사 단어 준비

다음 어구를 영어로 써 보세요.

책들 ▶

약속 ▶

장소들 ▶

그 사람 ▶

번호들 ▶

그 학교 자료 ▶

쟁점들 ▶

그 정보 ▶

계약서 ▶

돈 ▶

다음 페이지에서 정답을 확인하세요.

어구 확장하기

명사에 내용상 필요한 *to*부정사 추가하기
(~할, ~하는, ~한)

확장된 다음 어구를 영어로 써 보세요.

읽을/읽어야 할 책들

books _____

방문할/방문해야 할 장소들

places _____

기억할/기억해야 할 번호들

numbers _____

고려할/고려해야 할 쟁점들

issues _____

사인할/사인해야 할 계약

a contract _____

- *sign*
- *read*
- *consider*
- *remember*
- *visit*

지킬/지켜야 할 약속

a promise ＿＿＿＿＿＿＿＿＿＿＿＿

만날/만나야 할 그 사람

the person ＿＿＿＿＿＿＿＿＿＿＿＿

공부할/공부해야 할 학교 자료

the school material ＿＿＿＿＿＿＿＿＿＿＿

알아야 할/알고 있어야 할 그 정보

the information ＿＿＿＿＿＿＿＿＿＿

쓸/써야 할 돈

money ＿＿＿＿＿＿＿＿＿＿＿

- *know*
- *study*
- *spend*
- *meet*
- *keep*

다음 페이지에서 정답을 확인하세요.

Check it out
완성 어구 확인하기

완성 어구를 확인하고 여러 번 쓰고 읽어 보세요. MP3 09-01

읽을/읽어야 할 책들 ▸ **books to read**

ex. 살, 팔, 돌려 줄   to buy, to sell, to return

방문할/방문해야 할 장소들 ▸ **places to visit**

ex. 갈, 볼, 지나갈   to go, to see, to pass

기억할/기억해야 할 번호들 ▸ **numbers to remember**

ex. 말해줄, 알려줄, 받아 적을   to tell, to inform, to write down

고려할/고려해야 할 쟁점들 ▸ **issues to consider**

ex. 생각할, 이해할, 대중에게 알릴   to think, to understand,

to publicize

사인할/사인해야 할 계약 ▸ **a contract to sign**

ex. 검토할, 변경할, 연장할   to review, to change, to extend

지킬/지켜야 할 약속 ▸ **a promise to keep**

ex. 보존할, 도와줄, 줄
to maintain, to help, to give

만날/만나야 할 그 사람 ▸ **the person to meet**

ex. 소개해 줄, 알아야 할, 지켜보아야 할
to introduce, to know, to watch

공부할/공부해야 할 학교자료 ▸ **the school material to study**

ex. 참조할, 가지고 올, 보여줄
to refer, to bring, to show

알아야 할/알고 있어야 할 그 정보 ▸ **the information to know**

ex. 모아야 할, 용이하게 할, 만들
to gather, to facilitate, to make

쓸/써야 할 돈 ▸ **money to spend**

ex. 모을, 나눌, 사용할
to save, to share, to use

(문장.) 시작하기

START WRITING • ②

'주어 + 동사' 추가하여 문장 만들기

오른쪽에 주어진 단어를 참고로
다음 문장을 영어로 써 보세요.

1 저는 읽을 책들을 찾고 있었어요.

( ) books to read.

2 이곳들이 방문할 장소들이에요.

( ) the places to visit.

3 기억해야 할 번호들은 4332예요.

Numbers to remember ( ).

4 이것들이 고려해야 할 쟁점들이에요.

( ) issues to consider.

5 그는 사인해야 할 계약서를 보여 주었어요.

( ) a contract to sign.

- *show*
- *look for*
- *these*
- *are*
- *he*

6 저는 지켜야 할 약속이 하나 있어요.

《   》 a promise to keep.

7 Jason은 (우리가) 만나야 할 사람이에요.

《   》 the person to meet.

8 저는 공부해야 할 학교 자료를 잃어버렸어요.

《   》 the school material
to study.

9 이것이 알아야 할 그 정보예요.

《   》 the information to
know.

10 우리는 쓸 돈을 가지고 있어요.

《   》 money to spend.

- *lose*
- *is*
- *this*
- *have*
- *we*

다음 페이지에서 정답을 확인하세요.

Check it out
완성 문장 **확인하기**

완성 문장을 확인하고 여러 번 쓰고 읽어 보세요. MP3 09-02

1 저는 읽을 책들을 찾고 있었어요.

I looked for books to read.

2 이곳들이 방문할 장소들이에요.

These are the places to visit.

3 기억해야 할 번호들은 4332예요.

Numbers to remember are 4332.

4 이것들이 고려해야 할 쟁점들이에요.

These are issues to consider.

5 그는 사인해야 할 계약서를 보여 주었어요.

He showed a contract to sign.

6 저는 지켜야 할 약속이 하나 있어요.

I have a promise to keep.

7 Jason은 (우리가) 만나야 할 사람이에요.

Jason is the person to meet.

8 저는 공부해야 할 학교 자료를 잃어버렸어요.

I lost the school material to study.

9 이것이 알아야 할 그 정보예요.

This is the information to know.

10 우리는 쓸 돈을 가지고 있어요.

We have money to spend.

SENTENCE WRITING

– thing 뒤에 수식어구 붙이기

-thing + 형용사 → 강조 형용사 something, anything, nothing, everything 뒤에
형용사를 써서 강조의 의미를 나타낸다. '〜한'의 의미로 바로 앞의 –thing을 수식해준다.

　　Ex. I have **something important**. 저는 뭔가 중요한 것을 가지고 있어요.

-thing + to부정사 → to부정사의 형용사적 용법 something, anything, nothing,
everything 뒤에 to부정사를 쓴다. to부정사가 '〜할'의 의미로
바로 앞의 -thing을 수식해준다.

Ex. I have something **to show you**. 저는 뭔가 당신에게 보여줄 것을 가지고 있어요.

시작 시간 _____년 ____월 ____일 ____시 ____분

마친 시간 _____년 ____월 ____일 ____시 ____분　　　　총 연습 시간 _____분

1 • **START** WRITING

(문장.) 시작하기

주어 + 동사 + 목적어

오른쪽에 주어진 중심 단어를 참고로
다음 문장을 영어로 써 보세요.

1 저는 뭔가를 가지고 있어요.

( ).

2 아무것이라도 가지고 있는 것이 있어요?

( )?

3 아무것도 없어요.

( ).

4 그녀는 모든 것을 목록으로 작성했어요.

( ).

5 그들은 뭔가를 전시해요.

( ).

- *do*
- *have*
- *nothing*
- *anything*
- *everything*
- *you*
- *there*
- *something*
- *list*
- *exhibit*

다음 페이지에서 정답을 확인하세요.

문장 확장하기 ①

EXPAND WRITING

> −thing + 형용사

확장된 다음 문장을 영어로 써 보세요.

1 저는 뭔가 중요한 것을 가지고 있어요.

I have something _____.

* *important*

* *necessary*

* *larger*

2 아무것이라도 좀 더 큰 것 가지고 있는 것 있어요?

Do you have anything _____?

* *serious*

* *unusual*

3 아무것도 심각한 것은 없어요.

There is nothing _____.

4 그녀는 필요한 모든 것을 목록으로 작성했어요.

She listed everything _____.

5 그들은 뭔가 특이한 것을 전시해요.

They exhibit something _____.

❖ −thing이 들어간 말은 강조하기 위해서 형용사를 명사 뒤에 쓴다. −thing에 대한 궁금한 점을 나중에 얘기해 줌으로써 기억
효과를 높일 수 있기 때문이다.

📖
다음 페이지에서 정답을 확인하세요.

Check it out
완성 문장 확인하기

완성 문장을 확인하고 여러 번 쓰고 읽어 보세요. MP3 10-01

1 저는 뭔가 중요한 것을 가지고 있어요.

I have something important.

시작·· 확장··························

2 아무것이라도 좀 더 큰 것 가지고 있는 것 있어요?

Do you have anything larger?

시작·· 확장···············

3 아무것도 심각한 것은 없어요.

There is nothing serious.

시작······································· 확장···············

4 그녀는 필요한 모든 것을 목록으로 작성했어요.

She listed everything necessary.

시작·· 확장··························

5 그들은 뭔가 특이한 것을 전시해요.

They exhibit something unusual.

시작·· 확장··············

문장 확장하기 ②

–thing 뒤에 to부정사의 형용사적 용법 쓰기

확장된 다음 문장을 영어로 써 보세요.

1 저는 뭔가 당신에게 보여줄 것을 가지고 있어요.

I have something _____.

• *draw*

• *buy*

• *show*

2 아무것이라도 교환할 것 가지고 있는 것이 있어요?

Do you have anything _____?

• *exchange*

• *worry about*

• *it*

3 아무것도 그것에 대해서 걱정할 것이 없어요.

There is nothing _____.

• *attention*

4 그녀는 구입할 모든 것을 목록으로 작성했어요.

She listed everything _____.

5 그들은 관심을 끌기 위한 뭔가를 전시해요.

They exhibit something _____.

❖ something, anything, nothing, everything도 명사이므로 그 뒤에 to부정사의 형용사적 용법을 쓸 수 있다.

다음 페이지에서 정답을 확인하세요.

Check it out
완성 문장 확인하기

완성 문장을 확인하고 여러 번 쓰고 읽어 보세요. MP3 10-02

1 저는 뭔가 당신에게 보여줄 것을 가지고 있어요.

I have something to show you.

시작······························ 확장······························

2 아무것이라도 교환할 것 가지고 있는 것이 있어요?

Do you have anything to exchange?

시작······························ 확장······························

3 아무것도 그것에 대해서 걱정할 것이 없어요.

There is nothing to worry about it.

시작······························ 확장······························

4 그녀는 구입할 모든 것을 목록으로 작성했어요.

She listed everything to buy.

시작······························ 확장··············

5 그들은 관심을 끌기 위한 뭔가를 전시해요.

They exhibit something to draw attention.

시작······························ 확장······························

문장 더 확장하기 EXPAND WRITING+

더 확장된 다음 문장을 영어로 써 보세요.

> −thing 뒤에 '형용사 + to부정사' 쓰기

1 저는 뭔가 당신에게 보여줄 중요한 것을 가지고 있어요.

I have something   .

2 아무것이라도 교환할 좀 더 큰 것 가지고 있는 것이 있어요?

Do you have anything   ?

3 아무것도 그것에 대해서 걱정할 심각한 것이 없어요.

There is nothing   .

4 그녀는 구입할 필요가 있는 모든 것을 목록으로 작성했어요.

She listed everything   .

5 그들은 관심을 끌기 위한 뭔가 특이한 것을 전시해요.

They exhibit something   .

다음 페이지에서 정답을 확인하세요.

문장 더×2 확장하기

더 확장된 다음 문장을 영어
로 써 보세요.

> ## '전치사 + 명사'를 문장 뒤에 추가하기

1 저는 뭔가 그 회의 전에 당신에게 보여줄 중요한 것을 가지고 있어요.

I have something important to show you   .

2 아무것이라도 이것하고 교환할 좀 더 큰 것 가지고 있는 것이 있어요?

Do you have anything larger to exchange   ?

3 아무것도 지금으로써는 그것에 대해서 걱정할 심각한 것이 없어요.

There is nothing serious to worry about it   .

4 그녀는 소풍을 위해서 구입할 필요가 있는 모든 것을 목록으로 작성했어요.

She listed everything necessary to buy   .

5 그들은 사람들로부터 관심을 끌기 위한 뭔가 특이한 것을 전시해요.

They exhibit something unusual to draw attention   .

다음 페이지에서 정답을 확인하세요.

Check it out
완성 문장 확인하기

완성 문장을 확인하고 여러 번 쓰고 읽어 보세요. MP3 10-03

1 저는 뭔가 그 회의 전에 당신에게 보여줄 중요한 것을 가지고 있어요.

I have something important to show you

더 확장 ⋯⋯⋯⋯⋯⋯⋯⋯⋯⋯⋯⋯⋯⋯⋯⋯⋯⋯⋯⋯⋯⋯⋯⋯⋯⋯⋯

before the meeting.

더x2 확장 ⋯⋯⋯⋯⋯⋯⋯⋯⋯⋯⋯⋯⋯

2 아무것이라도 이것하고 교환할 좀 더 큰 것 가지고 있는 것이 있어요?

Do you have anything larger to exchange with this?

더 확장 ⋯⋯⋯⋯⋯⋯⋯⋯⋯⋯⋯⋯⋯⋯⋯⋯⋯⋯⋯⋯⋯⋯⋯⋯⋯ 더x2 확장 ⋯⋯⋯⋯⋯⋯

3 아무것도 지금으로써는 그것에 대해서 걱정할 심각한 것이 없어요.

There is nothing serious to worry about it for now.

더 확장 ⋯⋯⋯⋯⋯⋯⋯⋯⋯⋯⋯⋯⋯⋯⋯⋯⋯⋯⋯⋯⋯⋯⋯⋯⋯⋯⋯ 더x2 확장 ⋯⋯⋯⋯⋯

4 그녀는 소풍을 위해서 구입할 필요가 있는 모든 것을 목록으로 작성했어요.

She listed everything necessary to buy for a picnic.

더 확장 ⋯⋯⋯⋯⋯⋯⋯⋯⋯⋯⋯⋯⋯⋯⋯⋯⋯⋯⋯⋯⋯⋯ 더x2 확장 ⋯⋯⋯⋯⋯⋯⋯⋯

5 그들은 사람들로부터 관심을 끌기 위한 뭔가 특이한 것을 전시해요.

They exhibit something unusual to draw attention

더 확장 ⋯⋯⋯⋯⋯⋯⋯⋯⋯⋯⋯⋯⋯⋯⋯⋯⋯⋯⋯⋯⋯⋯⋯⋯⋯⋯⋯⋯⋯⋯

from people.

더x2 확장 ⋯⋯⋯⋯⋯⋯⋯⋯⋯⋯⋯⋯⋯

DAY 11

-ly가 붙는 부사

형용사 + -ly = 부사 주로 '~하게'라는 뜻을 가지며 동사를 꾸며주는 역할을 한다.

Ex. carefully 조심스럽게, kindly 친절하게, perfectly 완벽하게,

calmly 침착하게, neatly 깔끔하게, regularly 규칙적으로

시작 시간 _____년 _____월 _____일 _____시 _____분

마친 시간 _____년 _____월 _____일 _____시 _____분   총 연습 시간 _____분

(문장.) 시작하기

주어 + 타동사, 주어 + 자동사

오른쪽에 주어진 단어를 참고로
다음 문장을 영어로 써 보세요.

1 저는 그것을 옮겼어요.

   (   )

2 그들은 길을 가르쳐 주었어요.

   (   )

3 저는 그 부분을 이해했어요.

   (   )

4 우리는 그 일을 처리했어요.

   (   )

5 그는 그의 책을 정리했어요.

   (   )

- *move*
- *books*
- *handle*
- *show*
- *understand*
- *way*
- *arrange*
- *part*
- *problem*
- *it*

6 저는 음식을 먹어요.

（　　　　　　　　　　　　　　　）

7 날씨가 변해요.

（　　　　　　　　　　　　　　　）

8 그들은 그 사실을 받아들였어요.

（　　　　　　　　　　　　　　　）

9 그는 대답을 해줬어요.

（　　　　　　　　　　　　　　　）

10 그것은 발전했어요.

（　　　　　　　　　　　　　　　）

- *accept*
- *meals*
- *eat*
- *change*
- *reply*
- *fact*
- *weather*
- *develop*

다음 페이지에서 정답을 확인하세요.

문장 확장하기

확장된 다음 문장을 영어로 써 보세요.

> 부사를 문장 뒤에 추가하여 문장 확장하기

- *calmly*
- *kindly*
- *carefully*
- *perfectly*
- *neatly*

1 저는 조심스럽게 그것을 옮겼어요.

I moved it _____.

2 그들은 친절하게 길을 가르쳐 주었어요.

They showed the way _____.

3 저는 그 부분을 완벽하게 이해했어요.

I understood the part _____.

4 우리는 침착하게 그 일을 처리했어요.

We handled the problem _____.

5 그는 그의 책을 깔끔하게 정리했어요.

He arranged his books _____.

6 저는 음식을 규칙적으로 먹어요.

I eat meals _____.

• *immediately*

• *regularly*

• *suddenly*

7 날씨가 갑작스럽게 변해요.

The weather changes _____.

• *naturally*

• *slowly*

8 그들은 자연스럽게 그 사실을 받아들였어요.

They accepted the fact _____.

9 그는 즉각 대답을 해줬어요.

He replied _____.

10 그것은 느리게 발전했어요.

It developed _____.

📖
다음 페이지에서 정답을 확인하세요.

Check it out
완성 문장 확인하기

완성 문장을 확인하고 여러 번 쓰고 읽어 보세요. MP3 11-01

1 저는 조심스럽게 그것을 옮겼어요.

I moved it carefully.

시작·························· 확장··················

2 그들은 친절하게 길을 가르쳐 주었어요.

They showed the way kindly.

시작······································· 확장···········

3 저는 그 부분을 완벽하게 이해했어요.

I understood the part perfectly.

시작··································· 확장············

4 우리는 침착하게 그 일을 처리했어요.

We handled the problem calmly.

시작······································ 확장··············

5 그는 그의 책을 깔끔하게 정리했어요.

He arranged his books neatly.

시작······································· 확장············

6 저는 음식을 규칙적으로 먹어요.

I eat meals regularly.

시작·························· 확장·····················

7 날씨가 갑작스럽게 변해요.

The weather changes suddenly.

시작······································ 확장···················

8 그들은 자연스럽게 그 사실을 받아들였어요.

They accepted the fact naturally.

시작······································ 확장···················

9 그는 즉각 대답을 해줬어요.

He replied immediately.

시작·························· 확장························

10 그것은 느리게 발전했어요.

It developed slowly.

시작······························· 확장············

❷ 문장 응용하기 〜〜〜〜〜〜〜〜〜〜〜● APPLY IT

변형된 다음 문장을 영어로 써 보세요.

> 한국말과 마찬가지로 부사를 맨 앞에 써서 강조하기

1 조심스럽게 저는 그것을 옮겼어요.

_____ I moved it.

- *perfectly*
- *neatly*
- *calmly*

2 친절하게 그들은 길을 가르쳐 주었어요.

_____ they showed the way.

- *kindly*
- *carefully*

3 완벽하게 저는 그 부분을 이해했어요.

_____ I understood the part.

4 침착하게 우리는 그 일을 처리했어요.

_____ we handled the problem.

5 깔끔하게 그는 그의 책을 정리했어요.

_____ he arranged his books.

6 규칙적으로 저는 음식을 먹어요.

_____ I eat meals.

naturally

regularly

suddenly

7 갑작스럽게 날씨가 변해요.

_____ the weather changes.

immediately

slowly

8 자연스럽게 그들은 그 사실을 받아들였어요.

_____ they accepted the fact.

9 즉각 그는 대답을 해줬어요.

_____ he replied.

10 느리게 그것은 발전했어요.

_____ it developed.

P.11 Learning Theory 6 참조

다음 페이지에서 정답을 확인하세요.

문장 확장하기

> **and/but로 부사 하나 더 연결해 강조 표현하기**

확장된 다음 문장을 영어로 써 보세요.

1 조심스럽게 그리고 천천히 저는 그것을 옮겼어요.

Carefully _____ I moved it.

2 친절하게 그리고 쉽게 그들은 길을 가르쳐 주었어요.

Kindly _____ they showed the way.

3 완벽하게 그리고 정확하게 저는 그 부분을 이해했어요.

Perfectly _____ I understood the part.

4 침착하게 그리고 조용히 우리는 그 일을 처리했어요.

Calmly _____ we handled the problem.

5 깔끔하게 그리고 간단하게 그는 그의 책을 정리했어요.

Neatly _____ he arranged his books.

- *silently*
- *slowly*
- *simply*
- *easily*
- *correctly*

6 규칙적으로 그리고 천천히 저는 음식을 먹어요.

Regularly ＿＿＿＿＿＿＿＿＿ I eat meals.

· *clearly*

· *slowly*

· *steadily*

7 갑작스럽게 그리고 예상치 않게 날씨가 변해요.

Suddenly ＿＿＿＿＿＿＿＿＿ the weather changes.

· *unexpectedly*

· *smoothly*

8 자연스럽게 그리고 순조롭게 그들은 그 사실을 받아들였어요.

Naturally ＿＿＿＿＿＿＿＿＿ they accepted the fact.

9 즉각 그리고 명확하게 그는 대답을 해줬어요.

Immediately ＿＿＿＿＿＿＿＿＿ he replied.

10 느리게 하지만 꾸준히 그것은 발전했어요.

Slowly ＿＿＿＿＿＿＿＿＿ it developed.

다음 페이지에서 정답을 확인하세요.

Check it out
완성 문장 확인하기

완성 문장을 확인하고 여러 번 쓰고 읽어 보세요. MP3 11-02

1 조심스럽게 그리고 천천히 저는 그것을 옮겼어요.

Carefully and slowly **I moved it.**

시작·························· 확장···························· 시작······························

2 친절하게 그리고 쉽게 그들은 길을 가르쳐 주었어요.

Kindly and easily **they showed the way.**

시작·············· 확장···················· 시작······························

3 완벽하게 그리고 정확하게 저는 그 부분을 이해했어요.

Perfectly and correctly **I understood the part.**

시작·························· 확장···························· 시작······························

4 침착하게 그리고 조용히 우리는 그 일을 처리했어요.

Calmly and silently **we handled the problem.**

시작·············· 확장···················· 시작······························

5 깔끔하게 그리고 간단하게 그는 그의 책을 정리했어요.

Neatly and simply **he arranged his books.**

시작·············· 확장···················· 시작······························

6 규칙적으로 그리고 천천히 저는 음식을 먹어요.

Regularly and slowly **I eat meals.**

시작·············· 확장·············· 시작··············

7 갑작스럽게 그리고 예상치 않게 날씨가 변해요.

Suddenly and unexpectedly **the weather changes.**

시작·············· 확장·············· 시작··············

8 자연스럽게 그리고 순조롭게 그들은 그 사실을 받아들였어요.

Naturally and smoothly **they accepted the fact.**

시작·············· 확장·············· 시작··············

9 즉각 그리고 명확하게 그는 대답을 해줬어요.

Immediately and clearly **he replied.**

시작·············· 확장·············· 시작··············

10 느리게 하지만 꾸준히 그것은 발전했어요.

Slowly but steadily **it developed.**

시작·············· 확장·············· 시작··············

Change = Chance
변화 = 기회

총정리 순서

STEP 1 기본 구조의 문장으로 구성된 우리말 스토리를 보고 영어로 써보기

STEP 2 구조가 확장된 우리말 스토리를 보고 영어로 써보기

STEP 3 구조가 더 확장된 우리말 스토리를 보고 영어로 써보기

처음부터 끝까지 영어로 쓰는 것이 어렵다면 확장된 부분을 채워 넣어 문장을 완성해보는

Complete the STORY를 먼저 한 후, Write it RIGHT!에 도전해 보세요!

— SCHEDULE —

Story Writing은 한 주의 학습을 총정리하는 순서라서 하루만에 모두 소화하기에 벅찬 분량인데요, 다 하지 못한 부분은 assignment로 하거나 시간 날 때마다 짬짬이 도전해 보세요! 아래 훈련기록란도 넉넉히 마련해두었습니다.

1차 훈 련 기 록

시작 시간 _____년 ____월 ____일 ____시 ____분

마친 시간 _____년 ____월 ____일 ____시 ____분

총 연습 시간 _____분

2차 훈 련 기 록

시작 시간 _____년 ____월 ____일 ____시 ____분

마친 시간 _____년 ____월 ____일 ____시 ____분

총 연습 시간 _____분

3차 훈 련 기 록

시작 시간 _____년 ____월 ____일 ____시 ____분

마친 시간 _____년 ____월 ____일 ____시 ____분

총 연습 시간 _____분

START WRITING

(스토리.) 시작하기

다음 스토리를 읽고 스토리 라이팅에 도전해 보세요.

한 학생이 있었습니다. 그 학생은 말했어요. "나는 굉장한 아이디어를 가지고 있어요. 쉬운 컴퓨터 프로그램을 만들어봐요!" 사람들은 웃었습니다. 그들은 말했어요. "사람들은 컴퓨터가 필요 없어요. 특별한 사람들만 컴퓨터가 필요해요." 그들은 그를 비웃었습니다.

어느 날 밤, 한 친구가 그를 찾아왔습니다. "나는 너의 생각이 마음에 들어." 2주 후에, 그들은 작은 차고 하나를 빌렸습니다. 그리고 그들은 대학교를 떠났어요. 그들이 사라져버린 것입니다. 사람들은 아무런 소식을 듣지 못했어요. 사람들은 그 두 학생에 대해서 10년 동안 듣지 못했어요.

인기 있는 잡지가 하나 있습니다. 그 이름은 Forbes입니다. 사람들은 그 오래된 두 친구를 거기에서 봤어요. 그 잡지는 두 유명한 억만장자를 소개하고 있었습니다. 그 억만장자들은 Bill Gates와 Paul Allen입니다. 그 잡지는 그들에 대해서 얘기해주고 있었습니다. 그것은 그들의 옛날 친구들을 놀라게 했습니다. Bill Gates와 Paul Allen은 마이크로소프트社를 설립했습니다. 모든 컴퓨터 사용자는 그들의 쉬운 프로그램을 사용합니다. Bill Gates가 말했어요. "나는 특별한 사람이 아니에요. 나는 강한 성격도 아니에요. 나는 그저 변화를 원했을 뿐이에요." Paul Allen이 덧붙여서 말했습니다. "change라는 단어가 있죠. 바꿔보세요. g를 c로요! 그러면, 그것은 chance가 됩니다. 한 변화(change)는 한 기회(chance)를 가지고 있는 거죠. 여러분이 작은 변화를 만들어보세요. 그것은 큰 기회가 됩니다!"

P.11 **Learning Theory 7** 참조

Complete
the STORY

스토리를 영어로 옮길 때 빈칸에 들어갈 알맞은 말을 써 보세요.

_____ a student. The student said, "I have a _____

idea. Let's make an _____ computer program!" People

laughed. They said, "People don't need computers. _____

people need computers". They jeered him.

One night, a friend visited him. "I like your idea." Two weeks later, they

rented a _____ garage. And they left the university. They

disappeared. People didn't hear any news. People didn't hear about

these two students for 10 years.

_____ a _____ magazine. The name is *Forbes*. People

saw the _____ friends there. The magazine introduced two

_____ billionaires. The billionaires are Bill Gates and Paul

Allen. The magazine tells about them. It surprised their _____

friends. Bill Gates and Paul Allen established Microsoft Corporation.

_____ computer users use their _____ program.

Bill Gates said, "I am not a _____ person. I am not a

_____ character. I just wanted a change."

Paul Allen added, "_____ a word 'change'. Change 'g' to

'c'. Then, it becomes 'chance'. A 'change' has a 'chance'. You make a

_____ change. Then, it becomes a _____ chance!"

Write in English

아래 힌트 어휘를 참고하면서 해석을 보고 스토리 라이팅을 해 보세요.

_____

_____

_____

_____

_____

_____

_____

_____

_____

_____

_____

_____

_____

_____

한 학생이 있었습니다. 그 학생은 말했어요. "나는 굉장한 아이디어를 가지고 있어요. 쉬운 컴퓨터 프로그램을 만들어봐요!" 사람들은 웃었습니다. 그들은 말했어요. "사람들은 컴퓨터가 필요 없어요. 특별한 사람들만 컴퓨터가 필요해요." 그들은 그를 비웃었습니다. 어느 날 밤, 한 친구가 그를 찾아왔습니다. "나는 너의 생각이 마음에 들어." 2주 후에, 그들은 작은 차고 하나를 빌렸습니다. 그리고 그들은 대학교를 떠났어요. 그들이 사라져버린 것입니다. 사람들은 아무런 소식을 듣지 못했어요. 사람들은 그 두 학생에 대해서 10년 동안 듣지 못했습니다. 인기 있는 잡지가 하나 있습니다. 그 이름은 포브즈입니다. 사람들은 그 오래된 두 친구를 거기에서 봤어요. 그 잡지는 두 유명한 억만장자를 소개하고 있었습니다. 그 억만장자들은 Bill Gates와 Paul Allen입니다. 그 잡지는 그들에 대해서 얘기해주고 있었습니다. 그것은 그들의 옛날 친구들을 놀라게 했습니다. Bill Gates와 Paul Allen은 마이크로소프트社를 설립했습니다. 모든 컴퓨터 사용자는 그들의 쉬운 프로그램을 사용합니다. Bill Gates가 말했어요. "나는 특별한 사람이 아니에요. 나는 강한 성격도 아니에요. 나는 그저 변화를 원했을 뿐이에요." Paul Allen이 덧붙여서 말했습니다. "change라는 단어가 있죠. 바꿔보세요. g를 c로요! 그러면, 그것은 chance가 됩니다. 한 변화(change)는 한 기회(chance)를 가지고 있는 거죠. 여러분이 작은 변화를 만들어보세요. 그것은 큰 기회가 됩니다!"

- there was ~이 있었습니다 ● great idea 굉장한 아이디어 ● let's make ~을 만들어봐요 ● easy 쉬운 ● laughed 웃었습니다
- don't need 필요 없어요 ● special 특별한 ● jeered 비웃었습니다 ● one night 어느 날 밤 ● visited 찾아왔습니다
- two weeks later 2주 후에 ● rented 빌렸습니다 ● small 작은 ● garage 차고 ● left 떠났습니다 ● university 대학교
- disappeared 사라져 버렸습니다 ● didn't hear 듣지 못했어요 ● any 아무런 ● about 젼 ~에 대해서 ● for 젼 ~동안
- there is ~이 있습니다 ● popular magazine 인기 있는 잡지 ● saw 보았다 ● old 오래된 옛날 ● there 거기에서
- introduced 소개했습니다 ● famous 유명한 ● billionaires 억만장자들 ● tell 얘기합니다 ● surprised 놀라게 했습니다 ● their 그들의
- established 설립했습니다 ● Microsoft Corporation 마이크로소프트社 ● all 모든 ● users 사용자들 ● use 사용하다
- I am not 나는 ~이 아닙니다 ● person (단수) 사람 ● strong character 강한 성격 ● just 그저 ● wanted 원했다 ● a change 한 변화
- added 덧붙여서 말했습니다 ● a word 'change' change라는 단어 ● g to c g를 c로 ● then 그러면 ● becomes ~이 됩니다
- has 가지고 있습니다 ● make 만듭니다 ● small 작은 ● big 큰

Write it RIGHT

완성된 스토리를 보고 올바로 써본 후, 네이티브 스피커의 음성을 잘 듣고 큰 소리로 따라 읽어 보세요.

There was a student. The student said, "I have a great idea. Let's make an easy computer program!" People laughed. They said, "People don't need computers. Special people need computers." They jeered him.

One night, a friend visited him. "I like your idea." Two weeks later, they rented a small garage. And they left the university. They disappeared. People didn't hear any news. People didn't hear about these two students for 10 years.

There is a popular magazine. The name is *Forbes*. People saw the old friends there. The magazine introduced two famous billionaires. The billionaires are Bill Gates and Paul Allen. The magazine tells about them. It surprised their old friends. Bill Gates and Paul Allen established Microsoft Corporation. All computer users use their easy program. Bill Gates said. "I am not a special person. I am not a strong character. I just wanted a change."

Paul Allen added. "There is a word 'change'. Change 'g' to 'c'. Then, it becomes 'chance'. A 'change' has a 'chance'. You make a small change. Then, it becomes a big chance!"

스토리 확장하기

다음 스토리를 읽고 스토리 라이팅에 도전해 보세요.

한 학생이 있었습니다. 그 학생은 말했어요. "나는 얘기해 줄 굉장한 아이디어를 가지고 있어요. 사용할 수 있는 쉬운 컴퓨터 프로그램을 만들어봐요!" 사람들은 웃었습니다. 그들은 말했어요. "사람들은 컴퓨터가 필요 없어요. 특별한 사람들만 컴퓨터가 필요해요." 그들은 그를 비웃었습니다.

어느 날 밤, 한 친구가 그를 찾아왔습니다. "나는 너의 생각이 마음에 들어." 2주 후에, 그들은 작업할 작은 차고 하나를 빌렸습니다. 그리고 그들은 대학교를 떠났어요. 그들이 사라져버린 것입니다. 사람들은 아무런 소식을 듣지 못했어요. 사람들은 그 두 학생에 대해서 10년 동안 듣지 못했어요.

읽을 만한 인기 있는 잡지가 하나 있습니다. 그 이름은 포브스입니다. 사람들은 그 오래된 두 친구를 거기에서 봤어요. 그 잡지는 기억할 만한 두 유명한 억만장자를 소개하고 있었습니다. 그 억만장자들은 Bill Gates와 Paul Allen입니다. 그 잡지는 그들에 대해서 얘기해주고 있었습니다. 그것은 그들의 옛날 친구들을 놀라게 했습니다. Bill Gates와 Paul Allen은 마이크로소프트社를 설립했습니다. 모든 컴퓨터 사용자는 그들의 쉬운 프로그램을 사용합니다. Bill Gates가 말했어요. "나는 따를 만한 특별한 사람이 아니에요. 나는 존경할 만한 강한 성격도 아니에요. 나는 그저 나눌 수 있는 변화를 원했을 뿐이에요."

Paul Allen이 덧붙여서 말했습니다. "change라는 단어가 있죠. 바꿔보세요 g를 c로요! 그러면, 그것은 chance가 됩니다. 한 변화(change)는 한 기회 (chance)를 가지고 있는 거죠. 여러분이 느낄 만한 작은 변화를 만들어보세요. 그러면 그것은 도약할 수 있는 큰 기회가 됩니다!"

Complete
the STORY

스토리를 영어로 옮길 때 빈칸에 들어갈 알맞은 말을 써 보세요.

There was a student. The student said, "I have a great idea _____.

Let's make an easy computer program _____!" People laughed. They

said. "People don't need computers. Special people need computers." They

jeered him.

One night, a friend visited him. "I like your idea." Two weeks later, they rented a

small garage _____. And they left the university. They disappeared.

People didn't hear any news. People didn't hear about the two students for 10

years.

There is a popular magazine _____. The name is _Forbes_. People

saw the old friends there. The magazine introduced two famous billionaires

_____.

The billionaires are Bill Gates and Paul Allen. The magazine tells about them.

It surprised their old friends. Bill Gates and Paul Allen established Microsoft

Corporation. All computer users use their easy program. Bill Gates said, "I am not

a special person _____. I am not a strong character _____.

I just wanted a change _____."

Paul Allen added, "There is a word 'change'. Change 'g' to 'c'. Then, it becomes

'chance'. A 'change' has a 'chance'. You make a small change _____.

Then, it becomes a big chance _____!"

Write in English

아래 힌트 어휘를 참고하면서 해석을 보고 스토리 라이팅을 해 보세요.

_____

_____

_____

_____

_____

_____

_____

_____

_____

_____

_____

_____

_____

_____

한 학생이 있었습니다. 그 학생은 말했어요. "나는 얘기해 줄 굉장한 아이디어를 가지고 있어요. 사용할 수 있는 쉬운 컴퓨터 프로그램을 만들어봐요!" 사람들은 웃었습니다. 그들은 말했어요. "사람들은 컴퓨터가 필요 없어요. 특별한 사람들만 컴퓨터가 필요해요." 그들은 그를 비웃었습니다. 어느 날 밤, 한 친구가 그를 찾아왔습니다. "나는 너의 생각이 마음에 들어." 2주 후에, 그들은 작업할 작은 차고 하나를 빌렸습니다. 그리고 그들은 대학교를 떠났어요. 그들이 사라져버린 것입니다. 사람들은 아무런 소식을 듣지 못했어요. 사람들은 그 두 학생에 대해서 10년 동안 듣지 못했어요. 읽을만한 인기 있는 잡지가 하나 있습니다. 그 이름은 포브즈입니다. 사람들은 그 오래된 두 친구를 거기에서 봤어요. 그 잡지는 기억할만한 두 유명한 억만장자를 소개하고 있었습니다. 그 억만장자들은 Bill Gates와 Paul Allen입니다. 그 잡지는 그들에 대해서 얘기해주고 있었습니다. 그것은 그들의 옛날 친구들을 놀라게 했습니다. Bill Gates와 Paul Allen은 마이크로소프트社를 설립했습니다. 모든 컴퓨터 사용자는 그들의 쉬운 프로그램을 사용합니다. Bill Gates가 말했어요. "나는 따를 만한 특별한 사람이 아니에요. 나는 존경할 만한 강한 성격도 아니에요. 나는 그저 나눌 수 있는 변화를 원했을 뿐이에요." Paul Allen이 덧붙여서 말했습니다. "change라는 단어가 있죠. 바꿔보세요. g를 c로요! 그러면, 그것은 chance가 됩니다. 한 변화(change)는 한 기회(chance)를 가지고 있는 거죠. 여러분이 느낄 만한 작은 변화를 만들어보세요. 그러면 그것은 도약할 수 있는 큰 기회가 됩니다!"

- there was ~이 있었습니다 ● idea to tell 얘기해 줄 아이디어 ● let's ~해 봅시다 ● program to use 사용할 수 있는 프로그램
- don't need 필요 없어요 ● special people 특별한 사람들 ● rented 빌렸습니다 ● garage to work 작업할 차고
- disappeared 사라져버렸습니다 ● People didn't hear 사람들은 듣지 못했습니다 ● any 아무런 ● magazine to read 읽을 만한 잡지
- introduced 소개했습니다 ● billionaires to remember 기억할 만한 억만장자들 ● tells about ~에 대해서 얘기해 주다
- surprised 놀라게 했습니다 ● established 설립했습니다 ● person to follow 따를 만한 사람 ● character to admire 존경할 만한 성격
- a change to share 나눌 수 있는 변화 ● change to feel 느낄 만한 변화 ● chance to jump 도약할 수 있는 기회

Write it RIGHT

완성된 스토리를 보고 올바로 써본 후, 네이티브 스피커의 음성을 잘 듣고 큰 소리로 따라 읽어 보세요.

There was a student. The student said, "I have a great idea **to tell**. Let's make an easy computer program **to use!**" People laughed. They said, "People don't need computers. Special people need computers." They jeered him.

One night, a friend visited him. "I like your idea." Two weeks later, they rented a small garage **to work**. And they left the university. They disappeared. People didn't hear any news. People didn't hear about the two students for 10 years.

There is a popular magazine **to read**. The name is *Forbes*. People saw the old friends there. The magazine introduced two famous billionaires **to remember**. The billionaires are Bill Gates and Paul Allen. The magazine tells about them. It surprised their old friends. Bill Gates and Paul Allen established Microsoft Corporation. All computer users use their easy program. Bill Gates said, "I am not a special person **to follow**. I am not a strong character **to admire**. I just wanted a change **to share**."

Paul Allen added, "There is a word 'change'. Change 'g' to 'c'. Then, it becomes 'chance'. A 'change' has a 'chance'. You make a small change **to feel**. Then, it becomes a big chance **to jump!**"

스토리 더 확장하기

다음 스토리를 읽고 스토리 라이팅에 도전해 보세요.

한 학생이 있었습니다. 그 학생은 **뭔가 흥미 있는 것**을 말했어요. "나는 **뭔가 얘기해 줄 게** 있어요. 사용할 수 있는 쉬운 컴퓨터 프로그램을 만들어봐요!" 사람들은 웃었습니다. 그들은 **무관심하게** 말했어요. "**사실** 사람들은 컴퓨터가 필요 없어요. 특별한 사람들만 컴퓨터가 필요해요." 그들은 그를 비웃었습니다.

어느 날 밤, 한 친구가 **조용히** 그를 찾아왔습니다. "나는 너의 생각이 마음에 들어." 2주 후에, 그들은 작업할 작은 차고 하나를 빌렸습니다. 그리고 그들은 대학교를 떠났어요. 그들이 사라져버린 것입니다. 사람들은 아무런 소식을 듣지 못했어요. 사람들은 그 두 학생에 대해서 **특별한 어느 것도** 10년 동안 듣지 못했어요. 읽을만한 인기 있는 잡지가 하나 있습니다. 그 이름은 포브스입니다. **놀랍게도** 사람들은 그 오래된 두 친구를 거기에서 봤어요. **흥미롭게도** 그 잡지는 기억할 만한 두 유명한 억만장자를 소개하고 있었습니다. 그 억만장자들은 Bill Gates와 Paul Allen입니다. 그 잡지는 그들에 대해서 **알아야 할 모든 것을** 얘기해주고 있었습니다. 그것은 그들의 옛날 친구들을 놀라게 했습니다. Bill Gates와 Paul Allen은 마이크로소프트社를 설립했습니다. 모든 컴퓨터 사용자는 그들의 쉬운 프로그램을 **정기적으로** 사용합니다. Bill Gates가 말했어요. "나는 따를 만한 특별한 사람이 아니에요. 나는 존경할 만한 강한 성격도 아니에요. 나는 그저 **뭔가 필요한 것을** 나눌 수 있는 변화를 원했을 뿐이에요."

Paul Allen이 **침착하게** 덧붙여서 말했습니다. "**걱정할 것이** 하나도 **없어요.** change라는 단어가 있죠. **간단하게** 바꿔보세요. g를 c로요! 그러면, 그것은 chance가 됩니다. **분명히** 한 변화(change)는 한 기회(chance)를 가지고 있는 거죠. 여러분이 느낄 만한 작은 변화를 만들어보세요. 그러면 그것은 **자연스럽게** 도약할 수 있는 큰 기회가 됩니다!"

Complete
the STORY

스토리를 영어로 옮길 때 빈칸에 들어갈 알맞은 말을 써 보세요.

There was a student. The student said _____."I have

_____. Let's make an easy computer program to use!"

People laughed. They said _____." _____ people don't need

computers. Special people need computers."They jeered him.

One night, a friend visited him _____."I like your idea."Two weeks

later, they rented a small garage to work. And they left the university. They

disappeared. People didn't hear any news. People didn't hear _____

_____ about the two students for 10 years.

There is a popular magazine to read. The name is *Forbes*. _____ people

saw the old friends there. _____ the magazine introduced two famous

billionaires to remember. The billionaires are Bill Gates and Paul Allen. The magazine

tells _____ about them. It surprised their old friends.

Bill Gates and Paul Allen established Microsoft Corporation. All computer users

use their easy program _____. Bill Gates said, "I am not a special person

to follow. I am not a strong character to admire. I just wanted a change to share

_____."

Paul Allen added _____, "There is _____.

There is a word 'change'. _____ change 'g' to 'c'. Then, it becomes 'change'.

_____ a 'change' has a 'chance'. You make a small change to feel. Then,

_____ it becomes a big chance to jump!"

Write in English

아래 힌트 어휘를 참고하면서 해석을 보고 스토리 라이팅을 해 보세요.

―――――――――――――――――――――――――――
―――――――――――――――――――――――――――
―――――――――――――――――――――――――――
―――――――――――――――――――――――――――
―――――――――――――――――――――――――――
―――――――――――――――――――――――――――
―――――――――――――――――――――――――――
―――――――――――――――――――――――――――
―――――――――――――――――――――――――――
―――――――――――――――――――――――――――
―――――――――――――――――――――――――――
―――――――――――――――――――――――――――
―――――――――――――――――――――――――――
―――――――――――――――――――――――――――
―――――――――――――――――――――――――――

한 학생이 있었습니다. 그 학생은 뭔가 흥미 있는 것을 말했어요. "나는 뭔가 얘기해 줄 게 있어요. 사용할 수 있는 쉬운 컴퓨터 프로그램을 만들어봐요!" 사람들은 웃었습니다. 그들은 무관심하게 말했어요. "사실 사람들은 컴퓨터가 필요 없어요. 특별한 사람들만 컴퓨터가 필요해요." 그들은 그를 비웃었습니다. 어느 날 밤, 한 친구가 조용히 그를 찾아왔습니다. "나는 너의 생각이 마음에 들어." 2주 후에, 그들은 작업할 작은 차고 하나를 빌렸습니다. 그리고 그들은 대학교를 떠났어요. 그들이 사라져버린 것입니다. 사람들은 아무런 소식을 듣지 못했어요. 사람들은 그 두 학생에 대해서 특별한 어느 것도 10년 동안 듣지 못했어요. 읽을만한 인기 있는 잡지가 하나 있습니다. 그 이름은 포브즈입니다. 놀랍게도 사람들은 그 오래된 두 친구를 거기에서 봤어요. 흥미롭게도 그 잡지는 기억할 만한 두 유명한 억만장자를 소개하고 있었습니다. 그 억만장자들은 Bill Gates와 Paul Allen입니다. 그 잡지는 그들에 대해서 알아야 할 모든 것을 얘기해주고 있었습니다. 그것은 그들의 옛날 친구들을 놀라게 했습니다. Bill Gates와 Paul Allen은 마이크로소프트 社를 설립했습니다. 모든 컴퓨터 사용자는 그들의 쉬운 프로그램을 정기적으로 사용합니다. Bill Gates가 말했어요. "나는 따를 만한 특별한 사람이 아니에요. 나는 존경할 만한 강한 성격도 아니에요. 나는 그저 뭔가 필요한 것을 나눌 수 있는 변화를 원했을 뿐이에요." Paul Allen이 침착하게 덧붙여서 말했습니다. "걱정할 것이 하나도 없어요. change라는 단어가 있죠. 간단하게 바꿔보세요. g를 c로요! 그러면, 그것은 chance가 됩니다. 분명히 한 변화(change)는 한 기회(chance)를 가지고 있는 거죠. 여러분이 느낄 만한 작은 변화를 만들어보세요. 그러면 그것은 자연스럽게 도약할 수 있는 큰 기회가 됩니다!"

- **said something interesting** 뭔가 흥미 있는 것을 말했어요 **something to tell** 뭔가 얘기해 줄 것
- **program to use** 사용할 수 있는 프로그램 **said indifferently** 무관심하게 말했어요 **actually** 사실 **quietly** 조용히
- **garage to work** 작업할 차고 **didn't hear anything special** 특별한 어느 것도 듣지 못했어요 **magazine to read** 읽을 만한 잡지
- **surprisingly** 놀랍게도 **Interestingly** 흥미롭게도 **billionaires to remember** 기억할 만한 억만장자들
- **tells everything to know** 알아야 할 모든 것을 얘기해주었습니다 **regularly** 정기적으로 **person to follow** 따를 만한 사람
- **character to admire** 존경할 만한 성격 **to share something necessary** 뭔가 필요한 것을 나눌 수 있는 **calmly** 침착하게
- **nothing to worry** 걱정할 것이 하나도 없는 **simply** 간단하게 **clearly** 분명히 **change to feel** 느낄 만한 변화
- **naturally** 자연스럽게 **chance to jump** 도약할 수 있는 기회

Write it RIGHT

완성된 스토리를 보고 올바로 써본 후, 네이티브 스피커의 음성을 잘 듣고 큰 소리로 따라 읽어 보세요.

There was a student. The student said **something interesting**. "I have **something to tell**. Let's make an easy computer program to use!" People laughed. They said **indifferently**. "**Actually** people don't need computers. Special people need computers." They jeered him.

One night, a friend visited him **quietly**. "I like your idea." Two weeks later, they rented a small garage to work. And they left the university. They disappeared. People didn't hear any news. People didn't hear **anything special** about the two students for 10 years.

There is a popular magazine to read. The name is *Forbes*. **Surprisingly** people saw the old friends there. **Interestingly** the magazine introduced two famous billionaires to remember. The billionaires are Bill Gates and Paul Allen. The magazine tells **everything to know** about them. It surprised their old friends. Bill Gates and Paul Allen established Microsoft Corporation. All computer users use their easy program **regularly**. Bill Gates said, "I am not a special person to follow. I am not a strong character to admire. I just wanted a change to share **something necessary**."

Paul Allen added **calmly**, "There is **nothing to worry**. There is a word 'change'. **Simply** change 'g' to 'c'. Then, it becomes 'chance'. **Clearly** a 'change' has a 'chance'. You make a small change to feel. Then, **naturally** it becomes a big chance to jump!"

13

빈도부사

빈도부사 always(항상), usually(보통), often(자주) 등 횟수나 반복 정도를 나타내는 부사로,
주로 be동사 뒤 또는 일반동사 앞에 위치한다.

Ex. We **often** help each other. 우리는 **종종** 서로 도와요.

시작 시간 _____년 _____월 _____일 _____시 _____분

마친 시간 _____년 _____월 _____일 _____시 _____분   총 연습 시간 _____분

(문장.) 시작하기 ①

주어 + 일반동사 + 목적어

오른쪽에 주어진 단어를 참고로
다음 문장을 영어로 써 보세요.

1   전문가도 실수를 해요.

(   )

2   우리는 서로 도와요.

(   )

3   그 가게들은 생필품들을 팔아요.

(   )

4   저희 아버지께서는 뉴스를 보세요.

(   )

5   그들이 여기에 왔어요.

(   )

6   저는 그것을 했어요.

(   )

- *make*
- *store*
- *watch*
- *expert*
- *help*
- *news*
- *each other*
- *here*
- *mistake*
- *daily goods*
- *do*
- *sell*

다음 페이지에서 정답을 확인하세요.

빈도부사를 일반동사 앞에 써서 문장 확장하기

확장된 다음 문장을 영어로 써 보세요.

1 전문가도 가끔 실수를 해요.

Experts _____ make mistakes.

- *often*
- *seldom*
- *never*

2 우리는 종종/자주 서로 도와요.

We _____ help each other.

- *always*
- *sometimes*
- *usually*

3 그 가게들은 주로/보통/대개 생필품들을 팔아요.

The stores _____ sell daily goods.

4 저희 아버지께서는 항상 뉴스를 보세요.

My father _____ watches the news.

5 그들은 드물게 여기에 왔어요.

They _____ came here.

6 저는 결코 그것을 하지 않았어요.

I _____ did that.

다음 페이지에서 정답을 확인하세요.

Check it out
완성 문장 확인하기

완성 문장을 확인하고 여러 번 쓰고 읽어 보세요. MP3 13-01

1 전문가도 가끔 실수를 해요.

Experts sometimes make mistakes.

시작·············· 확장············· 시작·····················

2 우리는 종종/자주 서로 도와요.

We often help each other.

시작······ 확장·········· 시작·····················

3 그 가게들은 주로/보통/대개 생필품들을 팔아요.

The stores usually sell daily goods.

시작················· 확장·········· 시작·················

4 저희 아버지께서는 항상 뉴스를 보세요.

My father always watches the news.

시작···················· 확장·········· 시작·····················

5 그들은 드물게 여기에 왔어요.

They seldom came here.

시작·········· 확장··············· 시작···············

6 저는 결코 그것을 하지 않았어요.

I never did that.

시작 확장········· 시작·········

(문장.) 시작하기 ② **START** WRITING

주어 + be동사 + 형용사 또는 명사

오른쪽에 주어진 단어를 참고로
다음 문장을 영어로 써 보세요.

1 그들은 바빠요.

(　　　　　　　　　　　　　　　)

2 그는 도움이 돼요.

(　　　　　　　　　　　　　　　)

3 그 물건들은 가격이 싸요.

(　　　　　　　　　　　　　　　)

4 그것은 똑같았어요.

(　　　　　　　　　　　　　　　)

5 그들은 (눈에) 보였어요.

(　　　　　　　　　　　　　　　)

6 그것은 사실이에요.

(　　　　　　　　　　　　　　　)

- *cheap*
- *visible*
- *helpful*
- *true*
- *the same*
- *busy*
- *goods*
- *they*

다음 페이지에서 정답을 확인하세요.

문장 확장하기

> ### 빈도부사를 be동사 뒤에 써서 문장 확장하기

확장된 다음 문장을 영어로 써 보세요.

- *seldom*
- *never*
- *always*
- *sometimes*
- *often*
- *usually*

1 그들은 가끔 바빠요.

They are _____ busy.

2 그는 종종 도움이 돼요.

He is _____ helpful.

3 그 물건들은 주로/보통/대개 가격이 싸요.

The goods are _____ cheap.

4 그것은 항상 똑같았어요.

It was _____ the same.

5 그들은 드물게 (눈에) 보였어요.

They were _____ visible.

6 그것은 결코 사실이 아니에요.

It is _____ true.

다음 페이지에서 정답을 확인하세요.

Check it out
완성 문장 **확인하기**

완성 문장을 확인하고 여러 번 쓰고 읽어 보세요. MP3 13-02

1 그들은 가끔 바빠요.

They are sometimes **busy.**

시작······················ 확장························· 시작·········

2 그는 종종 도움이 돼요.

He is often **helpful.**

시작··········· 확장············ 시작················

3 그 물건들은 주로/보통/대개 가격이 싸요.

The goods are usually **cheap.**

시작································· 확장················ 시작·············

4 그것은 항상 똑같았어요.

It was always **the same.**

시작··············· 확장·············· 시작·······················

5 그들은 드물게 (눈에) 보였어요.

They were seldom visible.

시작························· 확장·················· 시작···············

6 그것은 결코 사실이 아니에요.

It is never **true.**

시작······· 확장············ 시작········

❷ 문장 응용하기 ————————————• APPLY IT

변형된 다음 문장을 영어로 써 보세요.

> 빈도부사를 문장 맨 앞으로 보내 강조하기

1 전문가도 실수를 해요. 가끔 그들은 바쁘거든요.

Experts make mistakes. _____ they are busy.

2 우리는 서로 도와요. 종종/자주 그가 도움이 돼요.

We help each other. _____ he is helpful.

3 주로/보통/대개 그 가게들은 생필품들을 팔아요. 그 물건들은 가격이 쌉니다.

_____ the stores sell daily goods. The goods are cheap.

4 저희 아버지께서는 뉴스를 보세요. 항상 그것은 똑같았어요.

My father watches the news. _____ it was the same.

5 결코 저는 그것을 하지 않았어요. 그건 사실이에요.

I _____ did that. It is true.

_____ did I do that. It is true.

📖 다음 페이지에서 정답을 확인하세요.

Check it out
완성 문장 확인하기

완성 문장을 확인하고 여러 번 쓰고 읽어 보세요. MP3 13-03

1 전문가도 실수를 해요. 가끔 그들은 바쁘거든요.

Experts make mistakes. Sometimes they are busy.

2 우리는 서로 도와요. 종종/자주 그가 도움이 돼요.

We help each other. Often he is helpful.

3 주로/보통/대개 그 가게들은 생필품들을 팔아요. 그 물건들은 가격이 쌉니다.

Usually the stores sell daily goods. The goods are cheap.

4 저희 아버지께서는 뉴스를 보세요. 항상 그것은 똑같았어요.

My father watches the news. Always it was the same.

5 결코 저는 그것을 하지 않았어요. 그건 사실이에요.

I never did that. It is true.

Never did I do that. It is true.

❖ Never가 강조를 위해서 문장 앞으로 가면 'Never+do/did+주어+동사원형'의 순서로 바뀝니다.

SENTENCE WRITING

14

과거분사 -ed

과거분사 주로 동사 뒤에 -ed를 붙여서 만들며 '∼된, ∼이 끝난, ∼이 완료된'의 뜻을 가진다.
과거분사는 '완료' 또는 '수동'의 의미를 가지며 명사 앞에서 명사를 수식할 수 있다.

Ex. We like the **introduced** man.

우리는 그 **소개된** 남자를 좋아해요.

시작 시간 _____년 _____월 _____일 _____시_____분

마친 시간 _____년 _____월 _____일 _____시_____분   총 연습 시간 _____분

(문장.) 시작하기

주어 + 타동사 ~, 주어 + be동사 ~

오른쪽에 주어진 단어를 참고로
다음 문장을 영어로 써 보세요.

1 우리는 그 남자를 좋아해요.

 (   )

2 저는 물을 마셨어요.

 (   )

3 그 점원은 상품을 보여줬어요.

 (   )

4 저는 그 물건을 샀어요.

 (   )

5 그들은 컴퓨터들을 팔아요.

 (   )

- *computers*
- *clerk*
- *sell*
- *products*
- *water*
- *like*
- *buy*
- *item*
- *man*

6 이것은 자리예요.

(　　　　　　　　　　　)

7 이것은 스케줄이에요.

(　　　　　　　　　　　)

8 그것들은 가방들이에요.

(　　　　　　　　　　　)

9 이것이 그 돈이에요.

(　　　　　　　　　　　)

10 그것은 문이에요.

(　　　　　　　　　　　)

• seat

• money

• this

• bags

• schedule

• door

• they

• that

다음 페이지에서 정답을 확인하세요.

Check it out
완성 문장 확인하기

완성 문장을 확인하고 여러 번 쓰고 읽어 보세요. MP3 14-01

1 우리는 그 남자를 좋아해요.

We like the man.

2 저는 물을 마셨어요.

I had water.

3 그 점원은 상품을 보여줬어요.

The clerk showed products.

4 저는 그 물건을 샀어요.

I bought the item.

5 그들은 컴퓨터들을 팔아요.

They sell computers.

6 이것은 자리예요.

This is a seat.

7 이것은 스케줄이에요.

This is a schedule.

8 그것들은 가방들이에요.

They are bags.

9 이것이 그 돈이에요.

This is the money.

10 그것은 문이에요.

That is a door.

단어 응용하기 ⸺⸺⸺⸺⸺⸺● APPLY IT

동사원형 뒤에 -ed를 붙여서 형용사로 만들기

변형된 다음 단어를 영어로 써 보세요.

소개하다 ▸ *introduce*

소개된 ▸

뜨거워지다 ▸ *heat*

뜨거워진 ▸

수입하다 ▸ *import*

수입된 ▸

진열하다 ▸ *display*

진열된 ▸

사용하다 ▸ *use*

사용된/중고의 ▸

예약하다 ▸ *reserve*

예약된 ▸

변경하다 ▸ *change*

변경된 ▸

검사하다 ▸ *check*

검사된 ▸

모으다/저축하다 ▸ *save*

모인 ▸

잠그다 ▸ *lock*

잠긴 ▸

다음 페이지에서 정답을 확인하세요.

Check it out
완성 단어 확인하기

완성 단어를 확인하고 여러 번 쓰고 읽어 보세요. MP3 14-02

소개하다 ▸ introduce

소개된 ▸ introduced

뜨거워지다 ▸ heat

뜨거워진 ▸ heated

수입하다 ▸ import

수입된 ▸ imported

진열하다 ▸ display

진열된 ▸ displayed

사용하다 ▸ use

사용된/중고의 ▸ used

예약하다 ▸ reserve

예약된 ▸ reserved

변경하다 ▸ change

변경된 ▸ changed

검사하다 ▸ check

검사된 ▸ checked

모으다/저축하다 ▸ save

모인 ▸ saved

잠그다 ▸ lock

잠긴 ▸ locked

> 과거분사 + 명사

확장된 다음 문장을 영어로 써 보세요.

1   우리는 그 소개된 남자를 좋아해요.

We like the _____ man.

   • *heated*

   • *introduced*

   • *imported*

2   저는 데워진 물을 마셨어요.

I had _____ water.

   • *used*

   • *displayed*

3   그 점원은 수입된 상품을 보여줬어요.

The clerk showed _____ products.

4   저는 그 진열된 물건을 샀어요.

I bought the _____ item.

5   그들은 중고 컴퓨터들을 팔아요.

They sell _____ computers.

6 이것은 예약된 자리예요.

This is a _____ seat.

- *reserved*
- *locked*
- *checked*
- *changed*
- *saved*

7 이것이 변경된 스케줄이에요.

This is a _____ schedule.

8 그것들은 검사된 가방들이에요.

They are _____ bags.

9 이것이 모인 그 돈이에요.

This is the _____ money.

10 그것은 잠긴 문이에요.

That is a _____ door.

다음 페이지에서 정답을 확인하세요.

Check it out
완성 문장 **확인하기**

완성 문장을 확인하고 여러 번 쓰고 읽어 보세요. MP3 14-03

1 우리는 그 소개된 남자를 좋아해요.

We like the introduced **man.**

시작·················· 확장················· 시작········

2 저는 데워진 물을 마셨어요.

I had heated **water.**

시작········· 확장············· 시작········

3 그 점원은 수입된 상품을 보여줬어요.

The clerk showed imported **products.**

시작························· 확장············ 시작·················

4 저는 그 진열된 물건을 샀어요.

I bought the displayed **item.**

시작····················· 확장··········· 시작·······

5 그들은 중고 컴퓨터들을 팔아요.

They sell used **computers.**

시작················· 확장······· 시작················

6 이것은 예약된 자리예요.

This is a reserved seat.

시작·················· 확장·················· 시작··········

7 이것이 변경된 스케줄이에요.

This is a changed schedule.

시작·················· 확장·················· 시작··················

8 그것들은 검사된 가방들이에요.

They are checked bags.

시작·················· 확장·················· 시작············

9 이것이 모인 그 돈이에요.

This is the saved money.

시작·················· 확장············ 시작··············

10 그것은 잠긴 문이에요.

That is a locked door.

시작·················· 확장············ 시작··········

15

과거분사 + 전치사구

과거분사에 전치사구인 '전치사 + 명사'를 추가하여 앞 명사를 꾸며줄 수 있다.

Ex. We like the man **introduced/ before the meeting**.

우리는 **회의 전에/ 소개된** 그 남자를 좋아해요.

시작 시간 _____년 _____월 _____일 _____시 _____분

마친 시간 _____년 _____월 _____일 _____시 _____분   총 연습 시간 _____분

어구 시작하기

오른쪽에 주어진 단어를 참고로 다음 어구를
영어로 써 보세요.

소개된 ▶

회의 전에 ▶

회의 전에 소개된 ▶

뜨거워진 ▶

잠깐 동안 ▶

잠깐 동안 데워진 ▶

수입된 ▶

아프리카로부터 ▶

아프리카로부터 수입된 ▶

진열된 ▶

진열장 안에 ▶

진열장 안에 진열된 ▶

- *a minute*
- *in*
- *import*
- *from*
- *display*
- *introduce*
- *heat*
- *before*
- *for*
- *window*

사용된/중고의 ▸

사무실에서 ▸

사무실에서 사용된/중고의 ▸

예약된 ▸

다른 손님들을 위해서 ▸

다른 손님들을 위해서 예약된 ▸

변경된 ▸

그 논의 후에 ▸

그 논의 후에 변경된 ▸

검사된 ▸

조사관들에 의해서 ▸

조사관들에 의해서 검사된 ▸

- *reserve*
- *after*
- *change*
- *by*
- *with*
- *check*
- *inspector*
- *guest*
- *discussion*
- *use*
- *other*
- *for*
- *office*

모은 ▶

그 여행을 위해서 ▶

그 여행을 위해서 모은 ▶

잠긴 ▶

이중 안전 장치로 ▶

이중 안전 장치로 잠긴 ▶

- *lock*
- *trip*
- *with*
- *for*
- *save*
- *dual safety device*

다음 페이지에서 정답을 확인하세요.

어구 **확장**하기 ────────── EXPAND WRITING ▶

> 명사 뒤에 '과거분사 + 전치사 + 명사' 붙여서
> 문장 확장하기

확장된 다음 어구를 영어로 써 보세요.

그 소개된 남자 ▸ ░░░░░ introduced ░░░░░

회의 전에/ 소개된 그 남자 ▸ ░░░░░ introduced/ before the
meeting

뜨거워진 물 ▸ heated ░░░░░

잠깐 동안/ 데워진 물 ▸ ░░░░░ heated/ for a minute

수입된 상품들 ▸ imported ░░░░░

아프리카로부터/ 수입된 상품들 ▸ ░░░░░ imported/ from Africa

그 진열된 물건 ▸ ░░░░░ displayed ░░░░░

진열장 안에/ 진열된 그 물건 ▸ ░░░░░ displayed/ in the window

사용된 컴퓨터들 ▸ used ░░░░░

사무실에서/ 사용된 컴퓨터들 ▸ ░░░░░ used/ in the office

그 예약된 자리 ▸   reserved

다른 손님들을 위해서/ 예약된 그 자리 ▸   reserved/ for other
guests

변경된 스케줄 ▸ changed

그 논의 후에/ 변경된 스케줄 ▸   changed/ after the
discussion

검사된 가방들 ▸ checked

조사관들에 의해서/ 검사된 가방들 ▸   checked/ by inspectors

모은 돈 ▸ saved

그 여행을 위해서/ 모은 돈 ▸   saved/ for the trip

그 잠긴 문 ▸ locked

이중 안전 장치로/ 잠긴 그 문 ▸   locked/ with a dual
safety device

다음 페이지에서 정답을 확인하세요.

Check it out
완성 어구 **확인하기**

완성 어구를 확인하고 여러 번 쓰고 읽어 보세요. MP3 15-01

그 소개된 남자 ‣	**the introduced man**
회의 전에/ 소개된 그 남자	the man introduced/ before the meeting
뜨거워진 물 ‣	**heated water**
잠깐 동안/ 데워진 물	water heated/ for a minute
수입된 상품들 ‣	**imported products**
아프리카로부터/ 수입된 상품들	products imported/ from Africa
그 진열된 물건 ‣	**the displayed item**
진열장 안에/ 진열된 그 물건	the item displayed/ in the window
사용된 컴퓨터들 ‣	**used computers**
사무실에서/ 사용된 컴퓨터들	computers used/ in the office

그 예약된 자리 ▸ **the reserved seat**

다른 손님들을 위해서/ 예약된 그 자리　the seat reserved/ for other guests

변경된 스케줄 ▸ **changed schedule**

그 논의 후에/ 변경된 스케줄　schedule changed/ after the discussion

검사된 가방들 ▸ **checked bags**

조사관들에 의해서/ 검사된 가방들　bags checked/ by inspectors

모은 돈 ▸ **saved money**

그 여행을 위해서/ 모은 돈　money saved/ for the trip

그 잠긴 문 ▸ **the locked door**

이중 안전 장치로/ 잠긴 그 문　the door locked/ with a dual safety device

(문장.) 시작하기

'과거분사 + 전치사구'를 사용하여 문장 만들기

오른쪽에 주어진 단어를 참고로
다음 문장을 영어로 써 보세요.

1 우리는 회의 전에/ 소개된 그 남자를 좋아해요.

We like the man (　　　　　)/ (

　　　　　).

• *heat*

• *use*

• *from*

• *import*

2 저는 잠깐 동안/ 데워진 물을 마셨어요.

I had water (　　　　　)/ (　　　　　　　　).

• *display*

• *introduce*

3 그 점원은 아프리카로부터/ 수입된 상품들을 보여줬어요.

The clerk showed products (　　　　　　)/

(　　　　　).

• *in*

• *a minute*

• *window*

4 저는 진열장 안에/ 진열된 그 물건을 샀어요.

I bought the item (　　　　　)/ (

　　　　　).

• *for*

• *office*

5 그들은 사무실에서/ 사용된 컴퓨터들을 팔아요.

They sell computers (　　　　　)/ (

　　　　　).

6 이것은 다른 손님들을 위해서/ 예약된 그 자리예요.

This is the seat (   )/ (

                )).

7 이것이 그 논의 후에/ 변경된 스케줄이에요.

This is a schedule (   )/ (

                )).

8 그것들은 조사관들에 의해서/ 검사된 가방들이에요.

They are bags (   )/ (

                )).

9 이것이 그 여행을 위해서/ 모은 돈이에요.

This is the money (   )/ (

                )).

10 그것이 이중 안전 장치로/ 잠긴 그 문이에요.

That is the door (   )/ (

                )).

- *check*
- *save*
- *lock*
- *reserve*
- *inspector*
- *dual safety device*
- *guest*
- *change*
- *discussion*

📖
다음 페이지에서 정답을 확인하세요.

Check it out
완성 문장 **확인하기**

완성 문장을 확인하고 여러 번 쓰고 읽어 보세요. MP3 15-02

1 우리는 회의 전에/ 소개된 그 남자를 좋아해요.

We like the man introduced/ before the meeting.

2 저는 잠깐 동안/ 데워진 물을 마셨어요.

I had water heated/ for a minute.

3 그 점원은 아프리카로부터/ 수입된 상품들을 보여줬어요.

The clerk showed products imported/ from Africa.

4 저는 진열장 안에/ 진열된 그 물건을 샀어요.

I bought the item displayed/ in a window.

5 그들은 사무실에서/ 사용된 컴퓨터들을 팔아요.

They sell computers used/ in the office.

6 이것은 다른 손님들을 위해서/ 예약된 그 자리예요.

This is the seat reserved/ for other guests.

7 이것이 그 논의 후에/ 변경된 스케줄이에요.

This is a schedule changed/ after the discussion.

8 그것들은 조사관들에 의해서/ 검사된 가방들이에요.

They are bags checked/ by inspectors.

9 이것이 그 여행을 위해서/ 모은 돈이에요.

This is the money saved/ for the trip.

10 그것이 이중 안전 장치로/ 잠긴 그 문이에요.

That is the door locked/ with a dual safety device.

WRITiNG
영어
라이팅훈련
TRAINing

본 도서는 기출간된 〈영어 라이팅 훈련 실천 다이어리〉의 2nd Edition입니다.

영어 라이팅 훈련 STORY Writing 2nd Edition

저자 | 한일
초판 1쇄 발행 | 2011년 12월 28일
개정 1쇄 인쇄 | 2020년 3월 6일
개정 4쇄 발행 | 2023년 8월 17일

발행인 | 박효상
편집장 | 김현
기획 · 편집 | 장경희, 김효정 디자인 | 임정현
본문 · 표지 디자인 | 박성미
마케팅 | 이태호, 이전희
관리 | 김태옥

종이 | 월드페이퍼
인쇄 · 제본 | 예림인쇄 · 바인딩

출판등록 | 제10-1835호
발행처 | 사람in
주소 | 04034 서울시 마포구 양화로11길 14-10(서교동 378-16) 3F
전화 | 02) 338-3555(代) 팩스 | 02) 338-3545
E-mail | saramin@netsgo.com
Website | www.saramin.com

:: 책값은 뒤표지에 있습니다.
:: 파본은 바꾸어 드립니다.

ⓒ 한일 2020

ISBN 978-89-6049-835-8 14740
       978-89-6049-834-1(set)

우아한 지적만보, 기민한 실사구시 **사람in**

라이팅 코치를 위한 친절한
Learning Theory

각 코너 별 라이팅 훈련 시 아래 사항들에 유의하여 훈련할 수 있도록 지도해주세요.

LEARNING THEORY 1 1권 p.16

주어(명사)를 생략할 수 있는 한국말과 달리 영어는 주어(명사)의 사용을 엄격히 지켜야 합니다. 그러므로 주어(명사)를 문장 속에 포함시키는 훈련을 학생들이 처음부터 습관화하도록 합니다.

LEARNING THEORY 2 1권 p.34

영어의 기본 문장 구조는 '주어+동사+목적어'입니다. 반면 한국어는 '주어+목적어+동사'라는 다른 순서를 가지고 있으므로 그 차이점을 학습 초기부터 깨달을 수 있도록 기본 문장 훈련을 많이 시키는 것이 필요합니다.

LEARNING THEORY 3 1권 p.44

모든 영어 문장 속에 지금처럼 전치사를 여러 개 사용할 수 있는 것은 아닙니다. 그러나 한국말에서는 영어의 전치사와 같은 말을 그 순서나 개수에 상관 없이 자유롭게 쓸 수 있다 보니 서로 상충되는 면이 생기게 됩니다. 이렇게 두 언어가 유사한 기능의 문법을 가졌으나 사용 방식에 차이를 보일 때는 학습자의 모국어의 방식에 따라서 먼저 익히게 하는 것이 효과적입니다. 비록 영어적으로는 어색하고 실수처럼 보이지만, 학습자가 해당 문법을 모국어에 맞추기 위해 의도적으로 만든 어색함이나 실수는 시간이 지남에 따라 스스로 수정하는 학습적 효과(self-revision effect)를 가져옵니다. 따라서 전치사구의 문법적 순서를 지나치게 강조하기 보다는 일단 학습자가 쓸 수 있는 만큼 최대한(maximum)으로 써보게 한 후, 문장을 늘리는 것이 더 좋은 수업 효과를 가져올 수 있습니다.

LEARNING THEORY 4 1권 p.66, 138, 2권 p.24, 128, 176 Story Writing

Paragraph Writing을 할 때는 내용을 조금씩 보강해갈수록 복잡한 문장에 점점 익숙해지게 하여 원하는 목표에 가까워질 수 있습니다. Story Writing은 작은 단위에서부터 조금씩 문장을 확장해감으로써 나중에는 다양한 문법이 섞인 복잡한 구조의 문장을 직접 쓰고 이해할 수 있도록 하였습니다. 이 단계는 다음의 3가지 Skinner가 제시하는 스텝을 응용해서 구성하였습니다.

① Clearly specify the goal. (목표를 뚜렷히 할 것 - 어떤 문법이 들어간 문장을 쓸지 명확히 노출해야 합니다.)
② Break down the task, simple to complex. (간단한 과제에서 복잡한 과제로 유도합니다.)
③ Adjust so that the student is always successful until finally the goal is reached. (항상 학생이 성공적으로 문장을 쓸 수 있도록 다양한 도움과 tool을 제공해서 마지막 스토리를 쓸 수 있도록 합니다.)

LEARNING THEORY 5 1권 p.66, 138, 2권 p.24, 128, 176 Story Writing

학습 이론 중 학습 목표가 되는 문법을 여러 번 반복적으로 보여줌으로써 눈에 띄게 하는 방법이 있습니다. 단 하나밖에 없는 것도 기억에 남지만 동일한 문법 구조를 가진 것이 지나치게 많아도 눈에 띄고 기억이 되는 학습 효과를 염두에 두고 구성하였습니다. ➡ Marked Abundance

LEARNING THEORY 6 1권 p.133

부사는 위치 면에서 다른 품사보다 훨씬 자유롭습니다. 문장 맨 뒤, 중간 그리고 맨 앞에 쓸 수도 있습니다. 부사를 다양한 위치에 써 보는 훈련을 충분히 하도록 합니다.

LEARNING THEORY 7 1권 p.66, 138, 2권 p.24, 128, 176 Story Writing

Story Writing에서 제시하고 있는 우리말 story의 어투가 우리말로만 읽었을 때는 조금 어색할 수 있습니다. 그 이유는 첫째, 학습자들이 story를 영어(target language)로 옮기기에 용이하도록 단어 배치를 해서 그렇습니다. 둘째, 학습목표가 되는 문법의 Marked Abundance 때문에 그렇습니다. 우리말 해석의 자연스러움보다 학습 효과를 극대화하는 데 초점을 맞추어 특수하게 디자인 된 스토리라는 점을 양지해 주시기 바랍니다.

LEARNING THEORY 8 2권 p.9

영어에서 관사(a, an, the)의 쓰임은 한국말보다 훨씬 더 두드러집니다. a, an, the를 어떠한 단어 앞에 써야 할지 말아야 할지는 시간이 많이 걸리더라도 관사가 들어 있는 다양한 영어 문장을 접해봄으로써 내용을 보고 정할 수 있도록 훈련시키는 것이 좋습니다. 영어에는 있는데(Ex. 관사 a, an, the) 한국어에는 없거나 중요하지 않게 다뤄지는 문장 요소가 있을 경우 지나치게 문법적인 규칙을 주입시키는 것보다 경험을 통해 이해시키는 것이 효과적입니다. ➡ Inductive Teaching

CONTENTS

DAY 16

현재분사 -ing

동사의 현재형에 -ing를 붙인 현재분사는 '~하는, ~중의'라는
'진행'의 의미를 가지며 명사 앞에서 명사를 수식한다.
Ex. I saw **waiting** people. 저는 **기다리는** 사람들을 봤어요.

시작 시간 _____년 _____월 _____일 _____시 _____분

마친 시간 _____년 _____월 _____일 _____시 _____분   총 연습 시간 _____분

(문장.) 시작하기

주어 + 타동사 + 목적어, Don't + 동사원형 + 명사,
주어 + be동사 + 명사/형용사

오른쪽에 주어진 단어를 참고로
다음 문장을 영어로 써 보세요.

1 저는 사람들을 봤어요.

     ((   ))

• *a will*

• *see*

2 그 아이를 방해하지 마세요!

     ((   ))

• *bother*

• *grab*

3 Susan이 그 기회를 잡았어요.

     ((   ))

• *student*

• *child*

4 그는 학생들의 수를 세었어요.

     ((   ))

• *the*

• *chance*

• *count*

5 저는 한 의지를 가지고 있어요.

     ((   ))

• *people*

6 이제 그 시간이에요.

   《   》

7 그것은 뉴스예요.

   《   》

8 이건 수업이야.

   《   》

9 그것은 비행기였어요.

   《   》

10 그건 수집 상자야.

   《   》

- *the time*
- *news*
- *now*
- *class*
- *box*
- *plane*

P.4 Learning Theory 8 참조

11~12페이지에서 정답을
확인하세요.

단어 시작하기

다음 단어를 영어로 써 보세요.

기다리다 ▸ *wait*		놀다 ▸ *play*
기다리는 ▸		노는 ▸
잠자다 ▸ *sleep*		놀라다 ▸ *surprise*
잠자는 ▸		놀라운 ▸
지나가다 ▸ *pass*		글 쓰다 ▸ *write*
지나가는 ▸		글 쓰는 ▸
서 있다 ▸ *stand*		날아가다 ▸ *fly*
서 있는 ▸		날아가는 ▸
불타다 ▸ *burn*		수집하다 ▸ *collect*
불타는 ▸		수집하는 ▸

문장 확장하기

확장된 다음 문장을 영어로 써 보세요.

1   저는 기다리는 사람들을 봤어요.

I saw _____ people.

• *pass*

• *burn*

• *wait*

2   그 잠자는 아이를 방해하지 마세요!

Don't bother the _____ child.

• *stand*

• *sleep*

3   Susan은 그 지나가는 기회를 잡았어요.

Susan grabbed the _____ chance.

4   그는 그 서 있는 학생들의 수를 세었어요.

He counted the _____ students.

5   저는 한 불타는 의지를 가지고 있어요.

I have a _____ will.

6   이제 노는 시간이에요.

Now is the _____ time.

• *write*

• *play*

• *surprise*

• *collect*

• *fly*

7   그것은 놀라운 뉴스예요.

It is _____ news.

8   이건 글 쓰는 수업이에요.

This is a _____ class.

9   그것은 날아가는 비행기였어요.

It was a _____ plane.

10   그건 수집하는 수집 상자예요.

That is a _____ box.

다음 페이지에서 정답을 확인하세요.

Check it out
완성 문장 **확인하기**

완성 문장을 확인하고 여러 번 쓰고 읽어 보세요. MP3 16-01

1 저는 기다리는 사람들을 봤어요.

I saw waiting **people.**

시작·········· 확장··············· 시작·············

2 그 잠자는 아이를 방해하지 마세요!

Don't bother the sleeping **child.**

시작····························· 확장··············· 시작·······

3 Susan은 그 지나가는 기회를 잡았어요.

Susan grabbed the passing **chance.**

시작···························· 확장·············· 시작············

4 그는 그 서 있는 학생들의 수를 세었어요.

He counted the standing **students.**

시작·················· 확장·············· 시작·············

5 저는 한 불타는 의지를 가지고 있어요.

I have a burning **will.**

시작·············· 확장············ 시작·······

6 이제 노는 시간이에요.

Now is the playing **time.**

시작·························· 확장··············· 시작·········

7 그것은 놀라운 뉴스예요.

It is surprising **news.**

시작······· 확장·························· 시작············

8 이건 글 쓰는 수업이에요.

This is a writing **class.**

시작························· 확장·············· 시작···········

9 그것은 날아가는 비행기였어요.

It was a flying **plane.**

시작····················· 확장············ 시작·············

10 그건 수집하는 수집 상자예요.

That is a collecting **box.**

시작························· 확장························ 시작·······

17

현재분사 + 전치사구

현재분사 -ing는 명사의 뒤에서 명사를 수식할 수도 있다. 명사의 뒤에서 명사를 수식하는
경우에는 보통 '현재분사 + 전치사구'의 형태로 쓰인다.

Ex. I saw people **waiting in a long line**.

나는 **긴 줄에 서서 기다리는** 사람들을 봤어요.

시작 시간 _____년 _____월 _____일 _____시 _____분

마친 시간 _____년 _____월 _____일 _____시 _____분   총 연습 시간 _____분

어구 시작하기

-ing를 붙여서 형용사(현재분사) 만들기,
전치사 + 명사 만들기

오른쪽에 주어진 단어를 참고로
다음 어구를 영어로 써 보세요.

기다리는 ▶

긴 줄에서 ▶

잠자는 ▶

침대에서 ▶

지나가는 ▶

그녀 옆에 ▶

서 있는 ▶

뒤쪽에 ▶

불타는 ▶

내 목표를 향하여 ▶

• *pass*

• *by*

• *goal*

• *bed*

• *in*

• *back*

• *burn*

• *stand*

• *toward*

• *at*

• *line*

노는 ▸ 　　　　　　　　　　　　

친구들과 함께 ▸ 　　　　　　　　　　　　

놀라운 ▸ 　　　　　　　　　　　　

모두에게 ▸ 　　　　　　　　　　　　

글 쓰는 ▸ 　　　　　　　　　　　　

연습을 위해서 ▸ 　　　　　　　　　　　　

날아가는 ▸ 　　　　　　　　　　　　

산 너머 ▸ 　　　　　　　　　　　　

수집하는 ▸ 　　　　　　　　　　　　

사용 후에 ▸ 　　　　　　　　　　　　

- *fly*
- *over*
- *use*
- *after*
- *practice*
- *surprise*
- *mountain*
- *with*
- *to*
- *collect*

다음 페이지에서 정답을 확인하세요.

Check it out
완성 어구 확인하기

완성 어구를 확인하고 여러 번 쓰고 읽어 보세요. MP3 17-01

기다리는 ▸	waiting
긴 줄에서 ▸	in a long line
잠자는 ▸	sleeping
침대에서 ▸	in a bed
지나가는 ▸	passing
그녀 옆에 ▸	by her
서 있는 ▸	standing
뒤쪽에 ▸	at the back
불타는 ▸	burning
내 목표를 향하여 ▸	toward my goal

노는 ‣ playing

친구들과 함께 ‣ with friends

놀라운 ‣ surprising

모두에게 ‣ to everyone

글 쓰는 ‣ writing

연습을 위해서 ‣ for practice

날아가는 ‣ flying

산 너머 ‣ over the mountain

수집하는 ‣ collecting

사용 후에 ‣ after use

(문장.) 시작하기

오른쪽에 주어진 단어를 참고로
다음 문장을 영어로 써 보세요.

1 저는 긴 줄에 서서 기다리는 사람들을 봤어요.

(⟩

• *bother*

2 그 침대에서 잠자는 아이를 방해하지 마세요!

(⟩

• *count*

• *pass by*

3 Susan은 그녀의 곁을 지나가는 그 기회를 잡았어요.

(⟩

• *will*

• *grab*

4 그는 뒤쪽에 서 있는 학생들의 수를 세었어요.

(⟩

5 저는 저의 목표를 향한 불타는 의지를 가지고 있어요.

(⟩

6 이제 친구들과 함께 노는 시간이에요.

⟮ ⟯

• *surprise*

• *over*

7 그것은 모두에게 놀라운 뉴스예요.

⟮ ⟯

• *collect*

• *use*

8 이건 연습을 위해서 글 쓰는 수업이에요.

⟮ ⟯

• *plane*

9 그것은 산 너머로 날아가는 비행기였어요.

⟮ ⟯

10 그건 사용 후에 캔과 종이를 수집하는 수집 상자예요.

⟮ ⟯

다음 페이지에서 정답을 확인하세요.

Check it out
완성 문장 확인하기

완성 문장을 확인하고 여러 번 쓰고 읽어 보세요. MP3 17-02

1 저는 긴 줄에 서서 기다리는 사람들을 봤어요.

I saw people waiting in a long line.

시작·································· 확장·····························

2 그 침대에서 잠자는 아이를 방해하지 마세요!

Don't bother the child sleeping in a bed.

시작··· 확장·····················

3 Susan은 그녀의 곁을 지나가는 그 기회를 잡았어요.

Susan grabbed the chance passing by her.

시작·· 확장·················

4 그는 뒤쪽에 서 있는 학생들의 수를 세었어요.

He counted the students standing at the back.

시작·· 확장·······················

5 저는 저의 목표를 향한 불타는 의지를 가지고 있어요.

I have a will burning toward my goal.

시작····························· 확장·····························

6 이제 친구들과 함께 노는 시간이에요.

Now is the time playing with friends.

시작·························· 확장····························

7 그것은 모두에게 놀라운 뉴스예요.

It is news surprising to everyone.

시작·················· 확장····························

8 이건 연습을 위해서 글 쓰는 수업이에요.

This is a class writing for practice.

시작·························· 확장·················

9 그것은 산 너머로 날아가는 비행기였어요.

It was a plane flying over the mountain.

시작·························· 확장·························

10 그건 사용 후에 캔과 종이를 수집하는 수집 상자예요.

That is a box collecting cans and papers after use.

시작·························· 확장·······························

— DAY 13~17 총정리 —

What a Coincidence!
이런 우연의 일치가!

총정리 순서

STEP 1 기본 구조의 문장으로 구성된 우리말 스토리를 보고 영어로 써보기

STEP 2 구조가 확장된 우리말 스토리를 보고 영어로 써보기

STEP 3 구조가 더 확장된 우리말 스토리를 보고 영어로 써보기

처음부터 끝까지 영어로 쓰는 것이 어렵다면 확장된 부분을 채워 넣어 문장을 완성해보는

Complete the STORY를 먼저 한 후, Write it RIGHT!에 도전해 보세요!

18

SCHEDULE

Story Writing은 한 주의 학습을 총정리하는 순서라서 하루만에 모두 소화하기에 벅찬 분량인데요, 다 하지 못한 부분은 assignment로 하거나 시간 날 때마다 짬짬이 도전해 보세요! 아래 훈련기록란도 넉넉히 마련해두었습니다.

1차 훈 련 기 록

시작 시간 _____년 _____월 _____일 _____시 _____분

마친 시간 _____년 _____월 _____일 _____시 _____분

총 연습 시간 _____분

2차 훈 련 기 록

시작 시간 _____년 _____월 _____일 _____시 _____분

마친 시간 _____년 _____월 _____일 _____시 _____분

총 연습 시간 _____분

3차 훈 련 기 록

시작 시간 _____년 _____월 _____일 _____시 _____분

마친 시간 _____년 _____월 _____일 _____시 _____분

총 연습 시간 _____분

START WRITING

(스토리.) 시작하기

다음 스토리를 읽고 스토리 라이팅에 도전해 보세요.

그 소년은 주로 버스를 타고 다녔습니다. 그는 종종 버스 안에서 사진들을 찍었습니다. 12년이 지난 후, 그는 한 여자를 만났어요. 그는 그 여자가 마음에 들었어요. 그 남자는 그의 옛날 사진들을 보여주었습니다. 갑자기 그 여자가 소리를 질렀어요. "내가 당신 사진 속에 있어요! 이게 나예요!" 그것은 사실이었습니다. 그 여자가 그의 옛날 사진 속에 있었습니다.

그 여자는 말했어요. "나는 가끔 Tosya에 있는 나의 할머니를 방문했었어요. 당신이 거기에 살고 있었군요!"

그 여자도 그녀의 어린 시절 사진들을 보여주었습니다. 한 장의 사진이 그 남자의 눈을 사로잡았습니다. 그 사진은 그들을 더 놀라게 했어요. 한 소녀가 버스 옆에 서있고요. 그리고 그녀의 어깨 너머로 한 작은 남자아이가 카메라를 바라보고 있었습니다. 그것은 그 남자였습니다. 그 남자 역시 그녀의 과거 사진 속에 있었던 것이었습니다!

12년 전에, 그들은 같은 버스를 탔었던 것입니다. 우연히 그녀의 어머니가 이 사진을 찍었어요. 그들은 결혼했습니다. 그리고 그들은 터키에 있는 Tosya에 살고 있습니다. 이제 항상 함께 그 버스를 타면서요!

Complete
the STORY

스토리를 영어로 옮길 때 빈칸에 들어갈 알맞은 말을 써 보세요.

The boy _____ took a bus. He _____ took

pictures in the bus. 12 years later, he met a woman. He liked the woman.

The man showed his old pictures. Suddenly the woman shouted. "I am in

your picture! This is me!" It was true. The woman was in his old picture.

She said, "I _____ visited my grandmother in Tosya. You

lived there!"

The woman showed her childhood pictures, too. One picture caught the

man's eyes. The picture surprised them more. A girl stood by a bus. And

over her shoulder, a little boy looked at the camera. It was the man. The

man was in her past picture, too! 12 years ago, they took the same bus.

Accidentally her mother took this picture. They married. And they live in

Tosya in Turkey. Now they _____ take the bus together!

Write in English

아래 힌트 어휘를 참고하면서 해석을 보고 스토리 라이팅을 해 보세요.

_____

_____

_____

_____

_____

_____

_____

_____

_____

_____

_____

_____

_____

_____

_____

그 소년은 주로 버스를 타고 다녔습니다. 그는 종종 버스 안에서 사진들을 찍었습니다. 12년이 지난 후, 그는 한 여자를 만났어요. 그는 그 여자가 마음에 들었어요. 그 남자는 그의 옛날 사진들을 보여주었습니다. 갑자기 그 여자가 소리를 질렀어요. "내가 당신 사진 속에 있어요! 이게 나예요!" 그것은 사실이었습니다. 그 여자가 그의 옛날 사진 속에 있었습니다. 그 여자는 말했어요. "나는 가끔 Tosya에 있는 나의 할머니를 방문했었어요. 당신이 거기에 살고 있었군요!" 그 여자도 그녀의 어린 시절 사진들을 보여주었습니다. 한 장의 사진이 그 남자의 눈을 사로잡았습니다. 그 사진은 그들을 더 놀라게 했어요. 한 소녀가 버스 옆에 서 있고요. 그리고 그녀의 어깨 너머로 한 작은 남자 아이가 카메라를 바라보고 있었습니다. 그것은 그 남자였습니다. 그 남자 역시 그녀의 과거 사진 속에 있었던 것이었습니다! 12년 전에, 그들은 같은 버스를 탔었던 것입니다. 우연히 그녀의 어머니가 이 사진을 찍었어요. 그들은 결혼했습니다. 그리고 그들은 터키에 있는 Tosya에 살고 있습니다. 이제 항상 함께 그 버스를 타면서요!

- **usually** 주로 ● **took** 탔습니다 ● **often** 종종 ● **took pictures** 사진을 찍었습니다 ● **12 years later** 12년이 지난 후 ● **met** 만났어요
- **liked** 마음에 들었어요 ● **showed** 보여주었습니다 ● **old pictures** 옛날 사진들 ● **suddenly** 갑자기 ● **shouted** 소리를 질렀어요
- **your** 당신의 ● **This is me.** 이게 나예요. ● **true** 사실인 ● **his** 그의 ● **she said** 그 여자는 말했어요 ● **sometimes** 가끔
- **visited** 방문했었어요 ● **grandmother** 할머니 ● **in (전)** ~에 있는 ● **lived** 살고 있었군요 ● **there** 거기에 ● **childhood** 어린 시절
- **too** ~도, ~역시 ● **caught** 사로잡았습니다 ● **man's eyes** 그 남자의 눈 ● **surprised ~ more** 더 놀라게 했어요
- **stood by** ~ 옆에 서 있고요 ● **over her shoulder** 그녀의 어깨 너머로 ● **little** 작은 ● **looked at** 바라봤습니다 ● **camera** 카메라
- **past picture** 과거의 사진 ● **12 years ago** 12년 전에 ● **the same bus** 같은 버스 ● **accidentally** 우연히 ● **married** 결혼했습니다
- **live in** ~에서 살고 있습니다 ● **now** 이제 ● **always** 항상 ● **take ~ together** 함께 ~을 타면서요

The boy usually took a bus. He often took pictures in the bus. 12 years later, he met a woman. He liked the woman. The man showed his old pictures. Suddenly the woman shouted. "I am in your picture! This is me!" It was true. The woman was in his old picture. She said, "I sometimes visited my grandmother in Tosya. You lived there!"

The woman showed her childhood pictures, too. One picture caught the man's eyes. The picture surprised them more. A girl stood by a bus. And over her shoulder, a little boy looked at the camera. It was the man. The man was in her past picture, too! 12 years ago, they took the same bus. Accidentally her mother took this picture. They married. And they live in Tosya in Turkey. Now they always take the bus together!

스토리 확장하기

다음 스토리를 읽고 스토리 라이팅에 도전해 보세요.

그 소년은 주로 복잡한 버스를 타고 다녔습니다. 그는 종종 버스 안에서 흥미로운 사진들을 찍었습니다. 12년이 지난 후, 그는 한 여자를 만났어요. 그는 그 여자가 마음에 들었어요. 그 남자는 그의 옛날 사진들을 보여주었습니다. 갑자기 그 놀란 여자가 소리를 질렀어요. "내가 당신 사진 속에 있어요! 이게 나예요!" 그것은 사실이었습니다. 그 여자가 그의 옛날 사진 속에 있었습니다.

그 여자는 말했어요. "나는 가끔 Tosya에 있는 나의 할머니를 방문했었어요. 당신이 거기에 살고 있었군요!"

그 여자도 그녀의 어린 시절 사진들을 보여주었습니다. 한 장의 빛바랜 사진이 그 남자의 휘둥그래진 눈을 사로잡았습니다. 그 사진은 그들을 더 놀라게 했어요. 한 소녀가 버스 옆에 서있고요. 그리고 그녀의 어깨 너머로 한 작은 남자아이가 카메라를 바라보고 있었습니다. 그것은 그 남자였습니다. 그 남자 역시 그녀의 과거 사진 속에 있었던 것이었습니다!

12년 전에, 그들은 같은 만원 버스를 탔었던 것입니다. 우연히 그녀의 어머니가 이 놀라운 사진을 찍었어요. 그들은 결혼했습니다. 그리고 그들은 터키에 있는 Tosya에 살고 있습니다. 이제 항상 함께 그 버스를 타면서요!

Complete
the STORY

스토리를 영어로 옮길 때 빈칸에 들어갈 알맞은 말을 써 보세요.

The boy usually took a _____ bus. He often took _____

pictures in the bus. 12 years later, he met a woman. He liked the woman. The

man showed his old pictures. Suddenly the _____ woman shouted. "I

am in your picture! This is me!" It was true. The woman was in his old picture.

She said, "I sometimes visited my grandmother in Tosya. You lived there!"

The woman showed her childhood pictures, too. One _____ picture

caught the man's _____ eyes. The picture surprised them more. A

girl stood by a bus. And over her shoulder, a little boy looked at the camera. It

was the man. The man was in her past picture, too!

12 years ago, they took the same _____ bus. Accidentally her mother

took this _____ picture. They married. And they live in Tosya in

Turkey. Now they always take the bus together!

Write in English

아래 힌트 어휘를 참고하면서 해석을 보고 스토리 라이팅을 해 보세요.

_____

_____

_____

_____

_____

_____

_____

_____

_____

_____

_____

_____

_____

_____

_____

_____

그 소년은 주로 복잡한 버스를 타고 다녔습니다. 그는 종종 버스 안에서 흥미로운 사진들을 찍었습니다. 12년이 지난 후, 그는 한 여자를 만났어요. 그는 그 여자가 마음에 들었어요. 그 남자는 그의 옛날 사진들을 보여주었습니다. 갑자기 그 놀란 여자가 소리를 질렀어요. "내가 당신 사진 속에 있어요! 이게 나예요!" 그것은 사실이었습니다. 그 여자가 그의 옛날 사진 속에 있었습니다. 그 여자는 말했어요. "나는 가끔 Tosya에 있는 나의 할머니를 방문했어요. 당신이 거기에 살고 있었군요!" 그 여자도 그녀의 어린 시절 사진들을 보여주었습니다. 한 장의 빛바랜 사진이 그 남자의 휘둥그래진 눈을 사로잡았습니다. 그 사진은 그들을 더 놀라게 했어요. 한 소녀가 버스 옆에 서있고요. 그리고 그녀의 어깨 너머로 한 작은 남자 아이가 카메라를 바라보고 있었습니다. 그것은 그 남자였습니다. 그 남자 역시 그녀의 과거 사진 속에 있었던 것이었습니다! 12년 전에, 그들은 같은 만원 버스를 탔었던 것입니다. 우연히 그녀의 어머니가 이 놀라운 사진을 찍었어요. 그들은 결혼했습니다. 그리고 그들은 터키에 있는 Tosya에 살고 있습니다. 이제 항상 함께 그 버스를 타면서요!

- **crowded bus** 복잡한 버스 · **took interesting pictures** 흥미로운 사진을 찍었습니다 · **suddenly** 갑자기
- **the surprised woman** 그 놀란 여자가 · **I am in** 내가 ~ 속에 있어요 · **It was** 그것은 ~이었습니다 · **she said** 그 여자는 말했어요
- **I sometimes visited** 나는 가끔 방문했어요 · **lived there** 거기에 살고 있었군요 · **childhood** 어린 시절
- **one faded picture** 한 장의 빛바랜 사진 · **man's widened eyes** 남자의 휘둥그래진 눈 · **surprised them** 그들을 놀라게 했어요
- **stood by** ~ 옆에 서 있고요 · **over** 전 ~ 너머로 · **looked at** 바라봤습니다 · **in her past picture** 그녀의 과거 사진 속의
- **the same loaded bus** 같은 만원 버스 · **accidentally** 우연히 · **this amazing picture** 이 놀라운 사진
- **in Tosya in Turkey** 터키에 있는 Tosya에서 · **always** 항상 · **together** 함께

Write it RIGHT

완성된 스토리를 보고 올바로 써본 후, 네이티브 스피커의 음성을 잘 듣고 큰 소리로 따라 읽어 보세요.

The boy usually took a **crowded** bus. He often took **interesting** pictures in the bus. 12 years later, he met a woman. He liked the woman. The man showed his old pictures. Suddenly the **surprised** woman shouted. "I am in your picture! This is me!" It was true. The woman was in his old picture. She said, "I sometimes visited my grandmother in Tosya. You lived there!" The woman showed her childhood pictures, too. One **faded** picture caught the man's **widened** eyes. The picture surprised them more. A girl stood by a bus. And over her shoulder, a little boy looked at the camera. It was the man. The man was in her past picture, too!

12 years ago, they took the same **loaded** bus. Accidentally her mother took this **amazing** picture. They married. And they live in Tosya in Turkey. Now they always take the bus together!

스토리 **더** 확장하기

다음 스토리를 읽고 스토리 라이팅에 도전해 보세요.

그 소년은 주로 복잡한 버스를 타고 다녔습니다. 그는 종종 버스 안에서 **그에게 흥미로운** 사진들을 찍었습니다. 12년이 지난 후, 그는 한 여자를 만났어요. 그는 **그와 함께 일하는** 그 여자가 마음에 들었어요. 그 남자는 그의 옛날 사진들을 보여주었습니다. 갑자기 **한 사진 때문에** 놀란 그 여자가 소리를 질렀어요. "내가 당신 사진 속에 있어요! **버스 옆에 서 있는** 이게 나예요!" 그것은 사실이었습니다. 그 여자가 그의 옛날 사진 속에 있었습니다.

그 여자는 말했어요. "나는 가끔 **Tosya에 살고 계신** 나의 할머니를 방문했었어요. 당신이 거기에 살고 있었군요!"

그 여자도 그녀의 어린 시절 사진들을 보여주었습니다. **앨범 속에서** 한 장의 **빛바랜** 사진이 그 남자의 눈을 사로잡았습니다. 그 사진은 그들을 더 놀라게 했어요. 한 소녀가 **사람들로 가득 찬** 버스 옆에 서있고요. 그리고 그녀의 어깨 너머로 **그녀 곁을 지나가는** 한 작은 남자아이가 카메라를 바라보고 있었습니다. 그것은 그 남자였습니다. 그 남자 역시 그녀의 과거 사진 속에 있었던 것이었습니다! 12년 전에, 그들은 같은 만원 버스를 탔었던 것입니다. 우연히 그녀의 어머니가 이 놀라운 사진을 찍었어요. 그들은 결혼했습니다. 그리고 그들은 터키에 있는 Tosya에 살고 있습니다. 이제 항상 함께 **Tosya를 달리는** 그 버스를 타면서요!

Complete
the STORY

스토리를 영어로 옮길 때 빈칸에 들어갈 알맞은 말을 써 보세요.

The boy usually took a crowded bus. He often took pictures _____

_____ in the bus. 12 years later, he met a woman. He liked the

woman _____ . The man showed his old pictures.

Suddenly the woman _____ shouted. "I am in your

picture! This is me _____ !" It was true. The woman was

in his old picture.

She said, "I sometimes visited my grandmother _____ .

You lived there!"

The woman showed her childhood pictures, too. One picture _____

_____ caught the man's eyes. The picture surprised them more. A

girl stood by a bus _____ . And over her shoulder, a

little boy _____ looked at the camera. It was the man.

The man was in her past picture, too!

12 years ago, they took the same loaded bus. Accidentally her mother took

this amazing picture. They married. And they live in Tosya in Turkey. Now they

always take the bus _____ together!

Write in English

아래 힌트 어휘를 참고하면서 해석을 보고 스토리 라이팅을 해 보세요.

_____

_____

_____

_____

_____

_____

_____

_____

_____

_____

_____

_____

_____

_____

_____

_____

그 소년은 주로 복잡한 버스를 타고 다녔습니다. 그는 종종 버스 안에서 그에게 흥미로운 사진들을 찍었습니다. 12년이 지난 후, 그는 한 여자를 만났어요. 그는 그와 함께 일하는 그 여자가 마음에 들었어요. 그 남자는 그의 옛날 사진들을 보여주었습니다. 갑자기 한 장의 사진 때문에 놀란 그 여자가 소리를 질렀어요. "내가 당신 사진 속에 있어요! 버스 옆에 서 있는 이게 나예요!" 그것은 사실이었습니다. 그 여자가 그의 옛날 사진 속에 있었습니다. 그 여자는 말했어요. "나는 가끔 Tosya에 살고 계신 나의 할머니를 방문했었어요. 당신이 거기에 살고 있었군요!" 그 여자도 그녀의 어린 시절 사진들을 보여주었습니다. 앨범 속에서 한 장의 빛바랜 사진이 그 남자의 눈을 사로잡았습니다. 그 사진은 그들을 더 놀라게 했어요. 한 소녀가 사람들로 가득 찬 버스 옆에 서있고요. 그리고 그녀의 어깨 너머로 그녀 곁을 지나가는 한 작은 남자 아이가 카메라를 바라보고 있었습니다. 그것은 그 남자였습니다. 그 남자 역시 그녀의 과거 사진 속에 있었던 것이었습니다! 12년 전에, 그들은 같은 만원 버스를 탔었던 것입니다. 우연히 그녀의 어머니가 이 놀라운 사진을 찍었어요. 그들은 결혼했습니다. 그리고 그들은 터키에 있는 Tosya에 살고 있습니다. 이제 항상 함께 Tosya를 달리는 그 버스를 타면서요!

- **pictures interesting to him** 그에게 흥미로운 사진들 ● **the woman working with him** 그와 함께 일하는 그 여자
- **the woman surprised by a picture** 한 장의 사진 때문에 놀란 그 여자 ● **me standing by a bus** 버스 옆에 서 있는 나
- **grandmother living in Tosya** Tosya에 살고 계신 나의 할머니 ● **picture faded in the album** 앨범 속에서 빛바랜 사진
- **a bus loaded with people** 사람들로 가득 찬 버스 ● **boy passing by her** 그녀의 곁을 지나가는 남자 아이
- **the same** 같은 ● **the bus running in Tosya** Tosya를 달리는 그 버스

The boy usually took a crowded bus. He often took pictures **interesting to him** in the bus. 12 years later, he met a woman. He liked the woman **working with him**. The man showed his old pictures. Suddenly the woman **surprised by a picture** shouted. "I am in your picture! This is me **standing by a bus!**" It was true. The woman was in his old picture.

She said, "I sometimes visited my grandmother **living in Tosya**. You lived there!"

The woman showed her childhood pictures, too. One picture **faded in the album** caught the man's eyes. The picture surprised them more. A girl stood by a bus loaded with people. And over her shoulder, a little boy **passing by her** looked at the camera. It was the man. The man was in her past picture, too!

12 years ago, they took the same loaded bus. Accidentally her mother took this amazing picture. They married. And they live in Tosya in Turkey. Now they always take the bus **running in Tosya** together!

DAY 19

불규칙동사의 과거분사 -en

불규칙동사 과거 시제 동사 끝의 철자가 -ed로 끝나지 않는 동사.
불규칙동사는 -en을 붙여 과거분사를 만드는 경우가 많다.

과거분사 -en -ed(~된, ~이 끝난, ~이 완료된)와 같은 뜻을 가진다.
간혹 -en이나 -ed마저도 붙지 않는 과거분사도 있다.

Ex. take(가져가다) – took – taken   write(쓰다) – wrote – written
break(깨다) – broke – broken   freeze(얼다) – froze – frozen

시작 시간 _____년 ____월 ____일 ____시 ____분

마친 시간 _____년 ____월 ____일 ____시 ____분   총 연습 시간 _____분

단어 시작하기

다음 단어를 영어로 써 보세요.

쓰다 ▸ *write*

쓴, 쓰여진, 작성된 ▸ [   ]

팔다 ▸ *sell*

팔리다 ▸ [   ]

자르다 ▸ *cut*

잘려진 ▸ [   ]

얼리다 ▸ *freeze*

얼려진 ▸ [   ]

가져가다 ▸ *take*

가지게 된, 가진 ▸ [   ]

줄이다 ▸ *shrink*

줄어든 ▸ [   ]

알다 ▸ *know*

알려진 ▸ [   ]

주다 ▸ *give*

주어진 ▸ [   ]

❖ shrink의 과거분사로 shrunk를 쓰기도 한다.

다음 페이지에서 정답을 확인하세요.

단어 **확장**하기

> 동일한 내용을 전하는 '분사 + 명사 + 전치사구'와
> '명사 + 분사 + 전치사구'

다음 어구를 영어로 써 보세요.

쓰여진 이름들 _(분사+명사) ▸ written _____

칠판에 쓰여진 이름들 _(분사+명사+전치사구) ▸ written _____ in the blackboard

칠판에 쓰여진 이름들
_(명사+분사+전치사구) ▸ _____

잘린 상처들 _(분사+명사) ▸ cut _____

날카로운 칼에 의해 잘린 상처들 _(분사+명사+전치사구) ▸ cut _____ by a sharp knife

날카로운 칼에 의해 잘린
상처들 _(명사+분사+전치사구) ▸ _____

뽑은 번호들 _(분사+명사) ▸ taken _____

주문을 위해 뽑은 번호들 _(분사+명사+전치사구) ▸ taken _____ for an order

주문을 위해 뽑은 번호들
_(명사+분사+전치사구) ▸ _____

알려진 사람들 _(분사+명사) ▸ known _____

발명가로 알려진 사람들 _(분사+명사+전치사구) ▸ known _____ as inventors

발명가로 알려진 사람들
_(명사+분사+전치사구) ▸ _____

팔린 표들 (분사+명사) ▸ ＿＿＿＿＿＿＿＿＿ tickets

카운터에서 팔린 표들 (분사+명사+전치사구) ▸ sold ＿＿＿＿＿＿＿ at the counter

카운터에서 팔린 표들 ▸ ＿＿＿＿＿＿＿＿＿＿＿＿＿＿＿＿
(명사+분사+전치사구)

얼려진 요구르트 (분사+명사) ▸ frozen ＿＿＿＿＿＿＿＿

판매를 위해 얼려진 요구르트 ▸ frozen ＿＿＿＿＿＿ for sale
(분사+명사+전치사구)

판매를 위해 얼려진 요구르트 ▸ ＿＿＿＿＿＿＿＿＿＿＿＿＿＿＿＿
(명사+분사+전치사구)

줄어든 셔츠 (분사+명사) ▸ a shrunken ＿＿＿＿＿＿＿

작은 사이즈로 줄어든 셔츠 ▸ a shrunken ＿＿＿＿＿ into a small size
(분사+명사+전치사구)

작은 사이즈로 줄어든 셔츠 ▸ ＿＿＿＿＿＿＿＿＿＿＿＿＿＿＿＿
(명사+분사+전치사구)

주어진 시간 (분사+명사) ▸ the given ＿＿＿＿＿＿＿

나에게 주어진 시간 ▸ the given ＿＿＿＿＿＿＿ to me
(분사+명사+전치사구)

나에게 주어진 시간 ▸ ＿＿＿＿＿＿＿＿＿＿＿＿＿＿＿＿
(명사+분사+전치사구)

📖 다음 페이지에서 정답을 확인하세요.

Check it out
완성 어구 **확인하기**

완성 어구를 확인하고 여러 번 쓰고 읽어 보세요. MP3 19-01

쓰여진 이름들 ▸	written names
칠판에 쓰여진 이름들 ▸	written names in the blackboard
칠판에 쓰여진 이름들 ▸	names written in the blackboard
잘린 상처들 ▸	cut wounds
날카로운 칼에 의해 잘린 상처들 ▸	cut wounds by a sharp knife
날카로운 칼에 의해 잘린 상처들 ▸	wounds cut by a sharp knife
뽑은 번호들 ▸	taken numbers
주문을 위해 뽑은 번호들 ▸	taken numbers for an order
주문을 위해 뽑은 번호들 ▸	numbers taken for an order
알려진 사람들 ▸	known people
발명가로 알려진 사람들 ▸	known people as inventors
발명가로 알려진 사람들 ▸	people known as inventors

팔린 표들 ‣ sold tickets

카운터에서 팔린 표들 ‣ sold tickets at the counter

카운터에서 팔린 표들 ‣ tickets sold at the counter

얼려진 요구르트 ‣ frozen yogurt

판매를 위해서 얼려진 요구르트 ‣ frozen yogurt for sale

판매를 위해서 얼려진 요구르트 ‣ yogurt frozen for sale

줄어든 셔츠 ‣ a shrunken shirt

작은 사이즈로 줄어든 셔츠 ‣ a shrunken shirt into a small size

작은 사이즈로 줄어든 셔츠 ‣ a shirt shrunken into a small size

주어진 시간 ‣ the given time

나에게 주어진 시간 ‣ the given time to me

나에게 주어진 시간 ‣ the time given to me

(문장.) 시작하기

> '명사 + 분사 + 전치사'를 문장 속에 넣기

1 그는 칠판에 쓰여진 이름들을 가리켰어요.

He pointed ⟨   ⟩.

2 저는 날카로운 칼에 의해 잘린 상처들을 보여주었어요.

I showed ⟨   ⟩.

3 이것들이 주문을 위해 뽑은 번호들이에요.

These are ⟨   ⟩.

4 그들이 발명가로 알려진 사람들이에요.

They are ⟨   ⟩.

5 그것들이 카운터에서 팔린 표들이에요.

They are ⟨   ⟩.

- *cut*
- *name*
- *known*
- *counter*
- *wound*
- *taken*
- *inventor*
- *ticket*
- *order*
- *blackboard*
- *sold*

6 그들은 판매를 위해 얼려진 요구르트를 진열했어요.

They displayed 《   》.

7 저는 작은 사이즈로 줄어든 셔츠를 하나 가지고 있어요.

I have 《   》.

8 저에게 주어진 시간은 15분이에요.

《   》 is 15 minutes.

- *shrunken*

- *given*

- *with*

- *frozen*

- *into*

- *size*

- *topping*

- *time*

- *small*

다음 페이지에서 정답을 확인하세요.

Check it out
완성 문장 **확인하기**

완성 문장을 확인하고 여러 번 쓰고 읽어 보세요. MP3 19-02

① 그는 칠판에 쓰여진 이름들을 가리켰어요.

He pointed names written in the blackboard.

② 저는 날카로운 칼에 의해 잘린 상처들을 보여주었어요.

I showed a wound cut by a sharp knife.

③ 이것들이 주문을 위해 뽑은 번호들이에요.

These are numbers taken for an order.

④ 그들이 발명가로 알려진 사람들이에요.

They are people known as inventors.

⑤ 그것들이 카운터에서 팔린 표들이에요.

They are tickets sold at the counter.

Check it out

6 그들은 판매를 위해 얼려진 요구르트를 진열했어요.

They displayed yogurt frozen for sale.

7 저는 작은 사이즈로 줄어든 셔츠를 하나 가지고 있어요.

I have a shirt shrunken into a small size.

8 저에게 주어진 시간은 15분이에요.

The time given to me is 15 minutes.

이것도 **알고** 가기

자주 사용되는 과거분사를 모았습니다. 꼭 외워두세요!

begin	–	began	–	begun	fly	–	flew	–	flown
bend	–	bent	–	bent	forget	–	forgot	–	forgotten
become	–	became	–	become	forgive	–	forgave	–	forgiven
bite	–	bit	–	bit	freeze	–	froze	–	frozen
blow	–	blew	–	blown	get	–	got	–	got/gotten
am/is/are	–	was/were	–	been	give	–	gave	–	given
break	–	broke	–	broken	grow	–	grew	–	grown
buy	–	bought	–	bought	hang	–	hung	–	hung
catch	–	caught	–	caught	have	–	had	–	had
choose	–	chose	–	chosen	hear	–	heard	–	heard
come	–	came	–	come	hide	–	hid	–	hidden
cost	–	cost	–	cost	hit	–	hit	–	hit
cut	–	cut	–	cut	hold	–	held	–	held
dig	–	dug	–	dug	hurt	–	hurt	–	hurt
do	–	did	–	done	keep	–	kept	–	kept
draw	–	drew	–	drawn	know	–	knew	–	known
drink	–	drank	–	drunk	lead	–	led	–	led
drive	–	drove	–	driven	leave	–	left	–	left
eat	–	ate	–	eaten	lend	–	lent	–	lent
fall	–	fell	–	fallen	let	–	let	–	let
feel	–	felt	–	felt	lose	–	lost	–	lost
fight	–	fought	–	fought	make	–	made	–	made
find	–	found	–	found	mean	–	meant	–	meant
fit	–	fit	–	fit	meet	–	met	–	met

pay	–	paid	–	paid
put	–	put	–	put
quit	–	quit	–	quit
read	–	read	–	read
rise	–	rose	–	risen
run	–	ran	–	run
say	–	said	–	said
see	–	saw	–	seen
sell	–	sold	–	sold
send	–	sent	–	sent
set	–	set	–	set
shot	–	shot	–	shot
shut	–	shut	–	shut
sit	–	sat	–	sat
sleep	–	slept	–	slept
speak	–	spoke	–	spoken

spend	–	spent	–	spent
stand	–	stood	–	stood
steal	–	stole	–	stolen
stick	–	stuck	–	stuck
sweep	–	swept	–	swept
take	–	took	–	taken
teach	–	taught	–	taught
tear	–	tore	–	torn
tell	–	told	–	told
think	–	thought	–	thought
throw	–	threw	–	thrown
understand	–	understood	–	understood
upset	–	upset	–	upset
wake	–	woke	–	waken
wear	–	wore	–	worn
write	–	wrote	–	written

DAY 20

수동태

수동태 외부적인 요인으로 상태가 바뀐 것을 나타내는 문장이며
'주어 + be동사 + 과거분사 + 전치사구'의 단어 배열을 가진다.
'과거분사 + 명사'는 '명사 + be동사 + 과거분사'로 바꾸어 쓸 수 있다.

Ex. the **blessed** day 그 **축복된** 날들
The day **was blessed**. 그날은 **축복 받았어요.**

시작 시간 _____년 _____월 _____일 _____시 _____분

마친 시간 _____년 _____월 _____일 _____시 _____분   총 연습 시간 _____분

(문장.) 시작하기 ①

주어 + 타동사 ~, 주어 + be동사 ~

오른쪽에 주어진 단어를 참고로
다음 문장을 영어로 써 보세요.

1 이웃들이 그날을 축복해주었어요.

   ((   ))

2 저는 계란 세 개를 삶았어요.

   ((   ))

3 어떤 사람들은 제품들을 반품했어요.

   ((   ))

4 그녀는 그 옷을 수선했어요.

   ((   ))

5 그들은 책상과 의자를 교환했어요.

   ((   ))

- *boil*
- *some*
- *neighbor*
- *return*
- *chair*
- *alter*
- *bless*
- *exchange*
- *egg*
- *dress*

START WRITING

6 이것들은 할인된 표예요.

    (   )

7 이것이 그 숨겨진 계획이에요.

    (   )

8 그것들은 배달된 소포들이에요.

    (   )

9 그것은 썬팅된 창문이에요.

    (   )

- *discounted*
- *package*
- *tinted*
- *delivered*
- *hidden*
- *ticket*
- *plan*
- *these*

다음 페이지에서 정답을 확인하세요.

Day 20. 수동태 53

Check it out
완성 문장 확인하기

완성 문장을 확인하고 여러 번 쓰고 읽어 보세요. MP3 20-01

1 이웃들이 그날을 축복해주었어요.

Neighbors blessed the day.

2 저는 계란 세 개를 삶았어요.

I boiled three eggs.

3 어떤 사람들은 제품들을 반품했어요.

Some people returned products.

4 그녀는 그 옷을 수선했어요.

She altered the dress.

5 그들은 책상과 의자를 교환했어요.

They exchanged desks and chairs.

6 이것들은 할인된 표예요.

These are discounted tickets.

7 이것이 그 숨겨진 계획이에요.

This is the hidden plan.

8 그것들은 배달된 소포들이에요.

They are delivered packages.

9 그것은 썬팅된 창문이에요.

That is a tinted window.

어구 시작하기

'과거분사 + 명사' 표현 만들기

다음 어구를 영어로 써 보세요.

축복된 ▶

그 축복된 날 ▶

삶아진 ▶

다섯 개의 삶아진 계란 ▶

반품된 ▶

반품된 제품들 ▶

수선된 ▶

그 수선된 옷 ▶

교환된 ▶

교환된 책상과 의자들 ▶

할인된 ▸

할인된 표들 ▸

숨겨진 ▸

숨겨진 계획들 ▸

배달된 ▸

배달된 소포들 ▸

썬팅된 ▸

썬팅된 창문 ▸

다음 페이지에서 정답을 확인하세요.

Check it out
완성 어구 확인하기

완성 어구를 확인하고 여러 번 쓰고 읽어 보세요. MP3 20-02

축복된 ▸ blessed

그 축복된 날 ▸ the blessed day

삶아진 ▸ boiled

다섯 개의 삶아진 계란 ▸ five boiled eggs

반품된 ▸ returned

반품된 제품들 ▸ returned products

수선된 ▸ mended

그 수선된 옷 ▸ the mended clothes

교환된 ▸ exchanged

교환된 책상과 의자들 ▸ exchanged desks and chairs

할인된 ‣ discounted

할인된 표들 ‣ discounted tickets

숨겨진 ‣ hidden

숨겨진 계획들 ‣ hidden plans

배달된 ‣ delivered

배달된 소포들 ‣ delivered packages

썬팅된 ‣ tinted

썬팅된 창문 ‣ a tinted window

(문장.) 시작하기 ②

'과거분사 + 명사'를 '명사 + be동사 + 과거분사'로 바꾸기

오른쪽에 주어진 단어를 참고로
다음 어구와 문장을 영어로 써 보세요.

그 축복된 날 ‣ the ⟨   ⟩ day

그날은 축복받았어요. ‣ The day ⟨   ⟩

• *return*

• *bless*

• *mend*

• *boil*

다섯 개의 삶은 계란 ‣ five ⟨   ⟩ eggs

계란 다섯 개가 삶아졌어요.

‣ Five eggs ⟨   ⟩

반품된 제품들 ‣ ⟨   ⟩ products

제품들이 반품되었어요. ‣ Products ⟨   ⟩

그 수선된 옷 ‣ the ⟨   ⟩ clothes

그 옷이 수선되었어요. ‣ The clothes ⟨   ⟩

교환된 책상과 의자들 ▸ ⟨　　　　　⟩ desks and
chairs

책상과 의자들이 교환되었어요.
　　　　　　▸ Desks and chairs ⟨　　　　⟩

• *tint*

• *discount*

• *deliver*

• *hide*

• *exchange*

할인된 표들 ▸ ⟨　　　　⟩ tickets

표가 할인돼요. ▸ Tickets ⟨　　　　⟩

숨겨진 계획들 ▸ ⟨　　　⟩ plans

계획이 숨겨져 있어요. ▸ Plans ⟨　　　　⟩

배달된 소포들 ▸ ⟨　　　⟩ packages

소포가 배달돼요. ▸ Packages ⟨　　　　⟩

그 선팅된 창문 ▸ the ⟨　　　⟩ window

그 창문이 선팅돼 있어요. ▸ The window ⟨　　　⟩

다음 페이지에서 정답을 확인하세요.

Check it out
완성 문장 **확인하기**

완성 어구와 문장을 확인하고 여러 번 쓰고 읽어 보세요. MP3 20-03

그 축복된 날	‣	the blessed day
그날은 축복받았어요.	‣	The day was blessed.
다섯 개의 삶은 계란	‣	five boiled eggs
계란 다섯 개가 삶아졌어요.	‣	Five eggs were boiled.
반품된 제품들	‣	returned products
제품들이 반품되었어요.	‣	Products were returned.
그 수선된 옷	‣	the mended clothes
그 옷이 수선되었어요.	‣	The clothes were mended.
교환된 책상과 의자들	‣	exchanged desks and chairs
책상과 의자들이 교환되었어요.	‣	Desks and chairs were exchanged.

할인된 표들 ‣ **discounted tickets**

표가 할인돼요. ‣ **Tickets are discounted.**

숨겨진 계획들 ‣ **hidden plans**

계획이 숨겨져 있어요. ‣ **Plans are hidden.**

배달된 소포들 ‣ **delivered packages**

소포가 배달돼요. ‣ **Packages are delivered.**

그 선팅된 창문 ‣ **the tinted window**

그 창문이 선팅돼 있어요. ‣ **The window is tinted.**

21

현재진행형과 과거진행형

현재진행형 'am/are/is + -ing'의 형태를 가지며 현재 어떤 일이
계속해서 반복 진행되고 있음을 말한다.

Ex. He **is smiling**. 그가 미소 짓고 있어요.

과거진행형 'was/were + -ing'의 형태를 가지며 과거에 어떤 일이
계속해서 반복 진행되고 있었음을 말한다.

Ex. He **was smiling**. 그가 미소 짓고 있었어요.

시작 시간 _____년 _____월 _____일 _____시 _____분

마친 시간 _____년 _____월 _____일 _____시 _____분　　　총 연습 시간 _____분

단어 시작하기

현재분사 만들기

다음 단어를 영어로 써 보세요.

미소 짓다 ▸ *smile*

미소 짓는 ▸

이기다 ▸ *win*

이기는, 당첨된 ▸

잔소리하다 ▸ *nag*

잔소리하는 ▸

빙빙 돌다 ▸ *spin*

빙빙 도는 ▸

울리다 ▸ *ring*

울리는,
따르릉거리는 ▸

말하다 ▸ *talk*

말하는 ▸

군침이 돌다 ▸ *water*

군침이 도는 ▸

📖
다음 페이지에서 정답을 확인하세요.

단어 **확장**하기

현재분사 + 명사

다음 어구를 영어로 써 보세요.

미소 짓는 얼굴 ▸ _____ smiling _____

그 잔소리하는 사람들 ▸ _____ nagging _____

울리는, 따르릉거리는 그 전화 ▸ _____ ringing _____

군침이 도는 나의 입 ▸ _____ watering _____

그 당첨된 번호들 ▸ _____ winning _____

그 빙빙 도는 테이블 ▸ _____ spinning _____

그 말하는 인형 ▸ _____ talking _____

📖
다음 페이지에서 정답을 확인하세요.

Check it out
완성 어구 확인하기

완성 어구를 확인하고 여러 번 쓰고 읽어 보세요. MP3 21-01

미소 짓는 얼굴 ‣ a smiling face

그 잔소리하는 사람들 ‣ the nagging people

울리는, 따르릉거리는 그 전화 ‣ the ringing phone

군침이 도는 나의 입 ‣ my watering mouth

그 당첨된 번호들 ‣ the winning number

그 빙빙 도는 테이블 ‣ the spinning table

그 말하는 인형 ‣ the talking puppet

어구 응용하기 ～～～～～～～～～● **APPLY** IT

'명사 + 현재분사'의 형태로 바꾸어 쓰기

앞서 써 본 어구를 변형하여 영어로 써
보세요.

미소 짓는 얼굴 ▶

그 잔소리하는 사람들 ▶

울리는, 따르릉거리는 그 전화 ▶

군침이 도는 나의 입 ▶

그 당첨된 번호들 ▶

그 빙빙 도는 테이블 ▶

그 말하는 인형 ▶

📖
다음 페이지에서 정답을 확인하세요.

Check it out
완성 어구 확인하기

완성 어구를 확인하고 여러 번 쓰고 읽어 보세요. MP3 21-02

미소 짓는 얼굴 ▸	a face smiling
그 잔소리하는 사람들 ▸	the people nagging
울리는, 따르릉 거리는 그 전화 ▸	the phone ringing
군침이 도는 나의 입 ▸	my mouth watering
그 당첨된 번호들 ▸	the number winning
그 빙빙 도는 테이블 ▸	the table spinning
그 말하는 인형 ▸	the puppet talking

(문장.) 시작하기

*be*동사를 끼워 넣어서 진행형 만들기

오른쪽에 주어진 단어를 참고로
다음 문장을 영어로 써 보세요.

1 얼굴이 미소 짓고 있어요. → 현재진행

(　　　　　　　　　　　　)

얼굴이 미소 짓고 있었어요. → 과거진행

(　　　　) was (　　　　)

• *nag*

• *smile*

• *phone*

• *ring*

• *people*

2 그 사람들이 잔소리하고 있는 중이에요. → 현재진행

(　　　　　　　　　　　　)

그 사람들이 잔소리하고 있는 중이었어요. → 과거진행

(　　　　) were (　　　　)

3 그 전화가 울리고 있는 중이에요. → 현재진행

(　　　　　　　　　　　　)

그 전화가 울리고 있는 중이었어요. → 과거진행

(　　　　) was (　　　　)

4   내 입이 군침이 돌고 있어요. ⋯ 현재진행   • *water*

(   )   • *mouth*

내 입이 군침이 돌고 있는 중이었어요. ⋯ 과거진행   • *doll*

(   ) was (   )   • *spin*

5   그 테이블이 빙빙 돌고 있어요. ⋯ 현재진행   • *table*

(   )   • *talk*

그 테이블이 빙빙 돌고 있는 중이었어요. ⋯ 과거진행

(   ) was (   )

6   그 인형이 말하고 있는 중이에요. ⋯ 현재진행

(   )

그 인형이 말하고 있는 중이었어요. ⋯ 과거진행

(   ) was (   )

다음 페이지에서 정답을 확인하세요.

문장 확장하기

부사를 써서 문장 확장하기

확장된 다음 문장을 영어로 써 보세요.

1 얼굴이 환하게 미소 짓고 있어요.

A face is smiling _____.

• *silently*

• *loudly*

2 그 사람들이 계속해서 잔소리하고 있는 중이에요.

The people are nagging _____.

• *brightly*

• *vividly*

• *slowly*

3 그 전화가 요란하게 울리고 있는 중이에요.

The phone is ringing _____.

• *continuously*

4 내 입이 천천히 군침이 돌고 있어요.

My mouth is watering _____.

5 그 테이블이 조용히 빙빙 돌고 있어요.

The table is spinning _____.

6 그 인형이 또렷하게 말하고 있는 중이에요.

The doll is talking _____.

다음 페이지에서 정답을 확인하세요.

완성 문장 확인하기

완성 문장을 확인하고 여러 번 쓰고 읽어 보세요. MP3 21-03

1 얼굴이 환하게 미소 짓고 있어요.

A face is smiling brightly.

시작·· 확장·············

2 그 사람들이 계속해서 잔소리하고 있는 중이에요.

The people are nagging continuously.

시작·· 확장···························

3 그 전화가 요란하게 울리고 있는 중이에요.

The phone is ringing loudly.

시작·· 확장·············

4 내 입이 천천히 군침이 돌고 있어요.

My mouth is watering slowly.

시작·· 확장·············

5 그 테이블이 조용히 빙빙 돌고 있어요.

The table is spinning silently.

시작·· 확장·············

6 그 인형이 또렷하게 말하고 있는 중이에요.

The doll is talking vividly.

시작·· 확장·············

DAY 22

수여동사

수여동사 뭔가를 건네 주거나 수여하는 뜻을 가진 동사로, 주로 '~에게 ~해주다'라는 뜻을 가진다. 수여동사는 직접목적어와 간접목적어(행위를 받는 대상) 모두를 필요로 한다.

그 예로는, give, send, tell, teach, lend, make, buy, ask, cook 등이 있다.

Ex. The example gives **me a hint**. 그 보기가 **제게 힌트를** 줘요.

시작 시간 _____년 _____월 _____일 _____시 _____분

마친 시간 _____년 _____월 _____일 _____시 _____분   총 연습 시간 _____분

(문장.) 시작하기 ①

주어 + 수여동사 + 직접목적어

오른쪽에 주어진 단어를 참고로
다음 문장을 영어로 써 보세요.

1 그 보기가 힌트를 줘요.

(   )

2 그 회사가 스팸 메일들을 보내요.

(   )

3 제가 그 비밀번호를 얘기해줬잖아요.

(   )

4 이 책은 글 쓰는 기술들을 가르쳐 줘요.

(   )

5 그는 그 카메라를 빌려주었어요.

(   )

• *password*

• *lend*

• *spam mail*

• *example*

• *hint*

• *writing skills*

• *teach*

6 그녀는 스파게티를 만들었어요.

《　　　　　　　　　　　　　　　》

7 저는 이것을 샀어요.

《　　　　　　　　　　　　　　　》

8 제 친구가 특별 음식을 만들어 주었어요.

《　　　　　　　　　　　　　　　》

9 저의 교수님이 질문을 하나 했어요.

《　　　　　　　　　　　　　　　》

10 그는 뭔가를 주었어요.

《　　　　　　　　　　　　　　　》

- *professor*
- *spaghetti*
- *buy*
- *special food*
- *something*
- *cook*

다음 페이지에서 정답을 확인하세요.

Check it out
완성 문장 **확인하기**

완성 문장을 확인하고 여러 번 쓰고 읽어 보세요. MP3 22-01

1 그 보기가 **힌트를** 줘요.

The example gives a hint.

2 그 회사가 **스팸 메일들을** 보내요.

The company sends spam mails.

3 제가 **그 비밀번호를** 얘기해줬잖아요.

I told the password.

4 이 책은 **글 쓰는 기술들을** 가르쳐 줘요.

This book teaches writing skills.

5 그는 **그 카메라를** 빌려주었어요.

He lent the camera.

6 그녀는 **스파게티를** 만들었어요.

She made **spaghetti.**

7 저는 **이것을** 샀어요.

I bought **this.**

8 제 친구가 **특별 음식을** 만들어 주었어요.

My friend cooked **a special food.**

9 그 교수님이 **질문을 하나** 했어요.

The professor asked **a question.**

10 그는 **뭔가를** 주었어요.

He gave **something.**

(문장.) 시작하기 ②

주어 + 수여동사 + 간접목적어

오른쪽에 주어진 단어를 참고로
다음 문장을 영어로 써 보세요.

1 그 보기가 저에게 줘요.

( )

• *her*

• *me*

2 그 회사가 사람들에게 보내요.

( )

• *people*

• *us*

3 저는 그녀에게 말해 주었어요.

( )

• *company*

• *teach*

4 이 책이 우리에게 가르쳐 줘요.

( )

• *lend*

5 그는 저에게 빌려주었어요.

( )

6 그녀가 저에게 만들어 주었어요.

⟨   ⟩

7 저는 그녀에게 사 주었어요.

⟨   ⟩

8 제 친구가 저에게 요리해 주었어요.

⟨   ⟩

9 그 교수가 학생들에게 물었어요.

⟨   ⟩

10 그는 그녀에게 주었어요.

⟨   ⟩

• *me*

• *students*

• *buy*

• *her*

• *cook*

• *professor*

다음 페이지에서 정답을 확인하세요.

Check it out
완성 문장 확인하기

완성 문장을 확인하고 여러 번 쓰고 읽어 보세요. MP3 22-02

① 그 보기가 **저에게** 줘요.

The example gives me.

② 그 회사가 **사람들에게** 보내요.

The company sends people.

③ 저는 **그녀에게** 말해 주었어요.

I told her.

④ 이 책이 **우리에게** 가르쳐 줘요.

This book teaches us.

⑤ 그는 **저에게** 빌려주었어요.

He lent me.

6 그녀가 **저에게** 만들어 주었어요.

She made **me.**

7 저는 **그녀에게** 사 주었어요.

I bought **her.**

8 제 친구가 **저에게** 요리해 주었어요.

My friend cooked **me.**

9 그 교수가 **학생들에게** 물었어요.

The professor asked **the students.**

10 그는 **그녀에게** 주었어요.

He gave **her.**

문장 **확장**하기 --------------→

> 간접목적어(사람)를 먼저 쓰고
> 그 다음 직접목적어(사물) 쓰기

확장된 다음 문장을 영어로 써 보세요.

1 그 보기가 저에게 힌트를 줘요.

The example gives _____.

- *people*
- *writing skills*
- *hint*

2 그 회사가 사람들에게 스팸 메일들을 보내요.

The company sends _____.

- *spam mail*
- *camera*
- *password*

3 제가 그녀에게 그 비밀번호를 얘기해 줬어요.

I told _____.

- *her*
- *us*

4 이 책이 우리에게 글 쓰는 기술을 가르쳐 줘요.

This book teaches _____.

5 그는 저에게 그 카메라를 빌려주었어요.

He lent _____.

6 그녀는 저에게 스파게티를 만들어 주었어요.

She made _____.

7 저는 그녀에게 이것을 사 주었어요.

I bought _____.

8 제 친구가 저에게 특별 음식을 요리해 주었어요.

My friend cooked _____.

9 그 교수가 학생들에게 질문을 하나 했어요.

The professor asked _____.

10 그는 그녀에게 뭔가를 주었어요.

He gave _____.

- *special food*
- *this*
- *question*
- *spaghetti*
- *students*
- *something*
- *me*
- *her*

다음 페이지에서 정답을 확인하세요.

Check it out
완성 문장 확인하기

완성 문장을 확인하고 여러 번 쓰고 읽어 보세요. MP3 22-03

1 그 보기가 **저에게 힌트를** 줘요.

The example gives me a hint.

2 그 회사가 **사람들에게 스팸 메일들을** 보내요.

The company sends people spam mails.

3 제가 **그녀에게 그 비밀번호를** 얘기해 줬어요.

I told her the password.

4 이 책이 **우리에게 글 쓰는 기술을** 가르쳐 줘요.

This book teaches us writing skills.

5 그는 **저에게 그 카메라를** 빌려주었어요.

He lent me the camera.

6 그녀는 **저에게 스파게티를** 만들어 주었어요.

She made me spaghetti.

7 나는 **그녀에게 이것을** 사 주었어요.

I bought her this.

8 제 친구가 **저에게 특별 음식을** 요리해 주었어요.

My friend cooked me a special food.

9 그 교수가 **학생들에게 질문을 하나** 했어요.

The professor asked the students a question.

10 그는 **그녀에게 뭔가를** 주었어요.

He gave her something.

문장 응용하기 ⟶—————————⟶● APPLY IT

변형된 다음 문장을 영어로 써 보세요.

> 직접목적어(사물) + 전치사구: (방향) ~에 to,
> (이익과 배려) ~을 위해서 for, (질문) ~에게 of

1 그 보기가 힌트를 저에게 줘요.

The example gives _____.

2 그 회사가 스팸 메일들을 사람들에게 보내요.

The company sends _____.

3 제가 그 비밀번호를 그녀에게 얘기해 줬어요.

I told _____.

4 이 책이 글 쓰는 기술을 우리에게 가르쳐 줘요.

This book teaches _____.

5 그는 그 카메라를 저에게 빌려주었어요.

He lent _____.

6 그녀는 스파게티를 저를 위해서 만들어 주었어요.

She made _____.

7 저는 이것을 그녀를 위해서 사 주었어요.

I bought _____.

8 제 친구가 특별 음식을 저를 위해서 요리해 주었어요.

My friend cooked _____.

9 그 교수가 질문 하나를 학생들에게 했어요.

The professor asked _____.

10 그는 뭔가를 그녀에게 주었어요.

He gave _____.

📖
다음 페이지에서 정답을 확인하세요.

Check it out
완성 문장 **확인하기**

완성 문장을 확인하고 여러 번 쓰고 읽어 보세요. MP3 22-04

1 그 보기가 **힌트를 저에게** 줘요.

The example gives a hint to me.

2 그 회사가 **스팸 메일들을 사람들에게** 보내요.

The company sends spam mails to people.

3 제가 그 **비밀번호를 그녀에게** 얘기해줬어요.

I told the password to her.

4 이 책이 글 쓰는 **기술을 우리에게** 가르쳐 줍니다.

This book teaches writing skills to us.

5 그는 그 **카메라를 저에게** 빌려주었어요.

He lent the camera to me.

6 그녀는 **스파게티를 저를 위해서** 만들어 주었어요.

She made **spaghetti for me.**

7 저는 **이것을 그녀를 위해서** 사 주었어요.

I bought **this for her.**

8 제 친구가 **특별 음식을 저를 위해서** 요리해 주었어요.

My friend cooked **a special food for me.**

9 그 교수가 **질문 하나를 학생들에게** 했어요.

The professor asked **a question of the students.**

10 그는 **뭔가를 그녀에게** 주었어요.

He gave **something to her.**

23

have를 써야 하는 네 가지 경우

일반동사 have 가지다, 먹다

Ex. We **have** breakfast. 우리는 아침을 **먹어요**.

사역동사 have ~ 시키다, ~하게 하다

Ex. They **have** me do this. 그들은 내가(나로 하여금) 이것을 하도록 **시켜요**.

have + 과거분사 현재까지 ~했다(완료)

Ex. I **have enjoyed** it. 저는 (현재까지) 그것을 **즐겼어요**.

have to ~해야만 한다(의무, 책임)

Ex. You **have to** know this. 당신은 이것을 알아야**만 해요**.

시작 시간 _____년 _____월 _____일 _____시 _____분

마친 시간 _____년 _____월 _____일 _____시 _____분   총 연습 시간 _____분

(문장.) 시작하기

일반동사 have: 가지다, 가지고 있다, 먹다

오른쪽에 주어진 단어를 참고로
다음 문장을 영어로 써 보세요.

1 우리는 아침을 먹어요. … 현재

(   )

2 그녀는 누군가를 가지고 있어요. … 현재

(   )

3 이 땅은 많은 나무를 가지고 있었어요. … 과거

(   )

사역동사 have: 시키다

4 그들은 제가 이것을 하도록 시켜요. … 현재

(   )

5 제 상사는 제가 그를 지켜보도록 시켜요. … 현재

(   )

6 당신이 제가 여기 오도록 시켰잖아요. … 과거

(   )

- *land*
- *boss*
- *someone*
- *this*
- *watch*
- *come*
- *many*
- *do*
- *here*

have + 과거분사: (현재까지) ~했다 = 방금 전에 완료했다

7 저는 (현재까지) 그것을 즐겼어요. … 현재완료

( )

8 그 버스가 (현재까지) 도착했어요. … 현재완료

( )

9 James가 (과거 그때에는) 그 숙제를 끝냈어요. … 과거완료

( )

- *understand*
- *arrive*
- *enjoy*
- *help*
- *know*
- *finish*

have to: ~해야만 한다(의무, 책임)

10 당신은 이것을 알아야만 해요. … 현재

( )

11 그는 이것을 이해해야만 해요. … 현재

( )

12 저는 그녀를 도왔어야만 했어요. … 과거

( )

다음 페이지에서 정답을 확인하세요.

Check it out
완성 문장 **확인하기**

완성 문장을 확인하고 여러 번 쓰고 읽어 보세요. MP3 23-01

1 우리는 아침을 **먹어요.** ⋯ 현재

We have breakfast.

2 그녀는 누군가를 **가지고 있어요.** ⋯ 현재

She has someone.

3 이 땅은 많은 나무를 **가지고 있었어요.** ⋯ 과거

This land had many trees.

4 그들은 제가 이것을 하도록 **시켜요.** ⋯ 현재

They have me do this.

5 제 상사는 제가 그를 지켜보도록 **시켜요.** ⋯ 현재

My boss has me watch him.

6 당신이 제가 여기 오도록 **시켰잖아요.** ⋯ 과거

You had me come here.

7 저는 (현재까지) 그것을 **즐겼어요.** ··· 현재완료

I **have enjoyed** it.

8 그 버스가 (현재까지) **도착했어요.** ··· 현재완료

The bus **has arrived.**

9 James가 (과거 그때에는) 그 숙제를 **끝냈어요.** ··· 과거완료

James **had finished** the homework.

10 당신은 이것을 **알아야만 해요.** ··· 현재

You **have to know** this.

11 그는 이것을 **이해해야만 해요.** ··· 현재

He **has to understand** this.

12 저는 그녀를 **도왔어야만 했어요.** ··· 과거

I **had to help** her.

문장 확장하기

네 가지 종류의 *have*를 써서 상황 묘사하기

확장된 다음 문장을 영어로 써 보세요.

1 저는 숙제가 있어요. 저의 어머니는 제가 그것을 먼저 하도록 시켜요. 그래서 저는 그것을 저녁 식사 전에 끝내야만 해요.

I _____ homework. My mother _____ me

do it first. So, I _____ finish it before dinner.

2 그 파티가 (조금 전에) 끝났어요. 저는 (현재까지, 조금 전까지) 그 음식과 음악 그리고 모든 것을 즐겼어요. 사실, 모두 다 그 파티를 (현재까지) 즐겼지요. 그 분위기가 우리를 흥분시켰었거든요.

The party _____ . I _____ the food,

music, and everything. Actually, everyone _____ the

party. The mood _____ us excite.

3 그녀는 계획을 하나 가지고 있어요. 그녀는 저에게 그 계획을 말해 주어야만 해요. 저는 그것을 알아야만 하거든요. 그러나, 그녀는 (현재까지) 그 계획을 감추고 있어요.

She _____ a plan. She _____ tell the

plan to me. I _____ know it. But, she _____

the plan.

다음 페이지에서 정답을 확인하세요.

Check it out
완성 문장 확인하기

완성 문장을 확인하고 여러 번 쓰고 읽어 보세요. MP3 23-02

1 저는 숙제가 있어요. 저의 어머니는 제가 그것을 먼저 하도록 시켜요. 그래서 저는 그것을 저녁 식사 전에 끝내야만 해요.

I have homework. My mother has me do it first. So, I have to finish it before dinner.

2 그 파티가 (조금 전에) 끝났어요. 저는 (현재까지, 조금 전까지) 그 음식과 음악 그리고 모든 것을 즐겼어요. 사실, 모두 다 그 파티를 (현재까지) 즐겼지요. 그 분위기가 우리를 흥분시켰었거든요.

The party has finished. I have enjoyed the food, music, and everything. Actually, everyone has enjoyed the party. The mood had us excite.

3 그녀는 계획을 하나 가지고 있어요. 그녀는 저에게 그 계획을 말해주어야만 해요. 저는 그것을 알아야만 하거든요. 그러나, 그녀는 (현재까지) 그 계획을 감추고 있어요.

She has a plan. She has to tell the plan to me. I have to know it. But, she has hidden the plan.

24

현재완료형

현재형 일상적인 습관, 별일 없는 한 계속 이어질 행동이나 현상

과거형 영어의 과거형은 과거에 시작해서 과거에 끝난 일만 얘기하므로
현재가 어떤 상태인지는 알 수가 없다.

현재완료형 'have＋과거분사'의 형태를 가지며 과거에 있었던 일이 현재와 연결되어 있음을
알려준다. 현재완료형이 없었더라면 과거의 일이 영원히 과거에 묻힐 뻔 했는데 이 현재완료형
때문에 과거의 사건이 현재에까지 영향을 주고 있음을 나타낼 수 있게 되었다.

Ex. I **have studied** Chapter 1.

저는 (**현재까지, 조금 전까지, 방금 전에, 막**) 1과를 **공부했어요.**

시작 시간 _____년 _____월 _____일 _____시 _____분

마친 시간 _____년 _____월 _____일 _____시 _____분   총 연습 시간 _____분

(문장.) 시작하기

동사의 현재형 쓰기

오른쪽에 주어진 단어를 참고로
다음 문장을 영어로 써 보세요.

1 저는 1과를 공부해요.

   (   )

2 그 개가 짖어요.

   (   )

3 그 매니저가 그 문을 열어요.

   (   )

4 그 바이어들이 카탈로그를 요청해요.

   (   )

5 그는 제게 전화를 해요.

   (   )

- *call*
- *door*
- *catalog*
- *study*
- *dog*
- *ask*
- *manager*
- *bark*
- *buyer*
- *open*
- *chapter*

6 그 아이들이 그들의 손을 들어요.

(　　　　　　　　　　)

7 그녀가 제게 윙크해요.

(　　　　　　　　　　)

8 그 바람이 황사를 옮겨요.

(　　　　　　　　　　)

• *wind*

• *yellow dust*

• *move*

• *children*

• *wink*

• *hand*

다음 페이지에서 정답을 확인하세요.

Check it out
완성 문장 **확인하기**

완성 문장을 확인하고 여러 번 쓰고 읽어 보세요. MP3 24-01

1 저는 1과를 **공부해요.**

I study Chapter 1.

2 그 개가 **짖어요.**

The dog barks.

3 그 매니저가 그 문을 **열어요.**

The manager opens the door.

4 그 바이어들이 카탈로그를 **요청해요.**

The buyers ask a catalog.

5 그는 제게 **전화를 해요.**

He calls me.

6 그 아이들이 그들의 손을 **들어요**.

The children raise their hands.

7 그녀가 제게 **윙크해요**.

She winks me.

8 그 바람이 황사를 **옮겨요**.

The wind moves the yellow dust.

문장 확장하기 ①

> 동사의 과거형 쓰기:
> 현재까지 이어지지 않고 과거에 끝난 일

확장된 다음 문장을 영어로 써 보세요.

1 저는 1과를 공부했어요.

_____.

2 그 개가 짖었어요.

_____.

3 그 매니저가 그 문을 열었어요.

_____.

4 그 바이어들이 카탈로그를 요청했어요.

_____.

5 그는 제게 전화를 했어요.

_____.

- *call*
- *door*
- *catalog*
- *study*
- *dog*
- *ask*
- *manager*
- *bark*
- *buyer*
- *open*
- *chapter*

6 그 아이들이 그들의 손을 들었어요.

_____ .

7 그녀가 제게 윙크했어요.

_____ .

8 그 바람이 황사를 옮겼어요.

_____ .

• *wind*

• *yellow dust*

• *move*

• *raise*

• *children*

• *wink*

• *hand*

❖ 영어의 과거형은 과거에 시작해서 과거에 끝난 일에 대해서만 얘기하므로 현재가 어떤 상태인지는 알 수가 없다. 절대로 과거의 상태를 현재와 연결시켜서 현재도 그럴 것이라고 결론 지어서는 안 된다. 과거의 일이 현재와 연결성을 가지지 못하는 단점을 해결하기 위해 나중에 현재완료형이 등장하게 된다.

📖
다음 페이지에서 정답을 확인하세요.

Check it out
완성 문장 **확인하기**

완성 문장을 확인하고 여러 번 쓰고 읽어 보세요. MP3 24-02

1 저는 1과를 공부했어요.

I **studied** Chapter 1.

2 그 개가 **짖었어요**.

The dog **barked**.

3 그 매니저가 그 문을 **열었어요**.

The manager **opened** the door.

4 그 바이어들이 카탈로그를 **요청했어요**.

The buyers **asked** a catalog.

5 그는 제게 **전화를 했어요**.

He **called** me.

6 그 아이들이 그들의 손을 **들었어요**.

The children raised their hands.

7 그녀가 제게 **윙크했어요**.

She winked me.

8 그 바람이 황사를 **옮겼어요**.

The wind moved the yellow dust.

문장 확장하기 ②

현재완료형(have/has + 과거분사):
현재까지 영향을 미치고 있는 일

확장된 다음 문장을 영어로 써 보세요.

1   저는 현재까지 1과를 공부했어요.

_____.

2   그 개가 조금 전까지 짖었어요.

_____.

3   그 매니저가 방금 전에 그 문을 열었어요.

_____.

4   그 바이어들이 현재까지 카탈로그를 요청했어요.

_____.

5   그는 방금 전에 제게 전화를 했어요.

_____.

- *call*
- *door*
- *catalog*
- *study*
- *dog*
- *ask*
- *manager*
- *bark*
- *buyer*
- *open*
- *chapter*

6 그 아이들이 방금 전에 그들의 손을 들었어요.

• *wind*

_____ .

• *yellow dust*

• *move*

7 그녀가 조금 전에 제게 윙크했어요.

• *raise*

_____ .

• *children*

• *wink*

8 그 바람이 현재까지 황사를 옮겼어요.

• *hand*

_____ .

다음 페이지에서 정답을 확인하세요.

Check it out
완성 문장 확인하기

완성 문장을 확인하고 여러 번 쓰고 읽어 보세요. MP3 24-03

1 저는 **현재까지** 1과를 공부했어요.

I **have** studied Chapter 1.

2 그 개가 **조금 전까지** 짖었어요.

The dog **has** barked.

3 그 매니저가 **방금 전에** 그 문을 열었어요.

The manager **has** opened the door.

4 그 바이어들이 **현재까지** 카탈로그를 요청했어요.

The buyers **have** asked a catalog.

5 그는 **방금 전에** 제게 전화를 했어요.

He **has** called me.

6 그 아이들이 **방금 전에** 그들의 손을 들었어요.

The children have raised their hands.

7 그녀가 **조금 전에** 제게 윙크했어요.

She has winked me.

8 그 바람이 **현재까지** 황사를 옮겼어요.

The wind has moved the yellow dust.

ROUND

2

문장 **더** 확장하기 EXPAND WRITING +

더 확장된 다음 문장을 영어로 써 보세요.

in order to(~하기 위하여)를 붙여서 문장 확장하기

1 저는 그 개념을 이해하기 위해서 현재까지 1과를 공부했어요.

I have studied Chapter 1 _____ .

2 그 개가 저를 위협하려고 조금 전까지 짖었어요.

The dog has barked _____ .

3 그 매니저가 고객들을 환영하기 위해서 방금 전에 그 문을 열었어요.

The manager has opened the door _____ .

4 그 바이어들이 주문을 하기 위해서 현재까지 카탈로그를 요청했어요.

The buyers have asked a catalog _____ .

5 그는 저를 축하하기 위해서 방금 전에 제게 전화를 했어요.

He has called me

                       .

6 그 아이들이 질문을 하기 위해서 방금 전에 그들의 손을 들었어요.

The children have raised their hands

                       .

7 그녀가 눈치를 주기 위해서 조금 전에 제게 윙크했어요.

She has winked me

                       .

8 그 바람이 땅을 기름지게 하기 위해서 현재까지 황사를 옮겼어요.

The wind has moved the yellow dust

                       .

다음 페이지에서 정답을 확인하세요.

Check it out
완성 문장 **확인하기**

완성 문장을 확인하고 여러 번 쓰고 읽어 보세요. MP3 **24-04**

1 저는 그 개념을 이해하기 위해서 현재까지 1과를 공부했어요.

I have studied Chapter 1 in order to understand the

확장··· 더 확장···

concept.

·····························

2 그 개가 저를 위협하려고 조금 전까지 짖었어요.

The dog has barked in order to threaten me.

확장······································· 더 확장···································

3 그 매니저가 고객들을 환영하기 위해서 방금 전에 그 문을 열었어요.

The manager has opened the door in order to welcome

확장··· 더 확장·······························

customers.

···························

4 그 바이어들이 주문을 하기 위해서 현재까지 카탈로그를 요청했어요.

The buyers have asked a catalog in order to order.

확장··· 더 확장···············

5 그는 저를 축하하기 위해서 방금 전에 제게 전화를 했어요.

He has called me in order to congratulate me.

확장·································· 더 확장·····································

6 그 아이들이 질문을 하기 위해서 방금 전에 그들의 손을 들었어요.

The children have raised their hands in order to ask

확장··· 더 확장······················

questions.

··············

7 그녀가 눈치를 주기 위해서 조금 전에 제게 윙크했어요.

She has winked me in order to give a notice.

확장····························· 더 확장·····················

8 그 바람이 땅을 기름지게 하기 위해서 현재까지 황사를 옮겼어요.

The wind has moved the yellow dust in order to fertilize

확장··· 더 확장······················

the soil.

············

25

DAY

미래형과 미래진행형

미래형 will + 동사원형 → ~할 것이다

Ex. I **will explain** this. 제가 이것을 설명할게요.

미래진행형 will + be + -ing → ~하고 있는 중일 것이다

Ex. I **will be explaining** this. 저는 이것을 설명하고 있는 중일 거예요.

시작 시간 _____년 _____월 _____일 _____시 _____분

마친 시간 _____년 _____월 _____일 _____시 _____분   총 연습 시간 _____분

(문장.) 시작하기

'be + 현재분사'로 진행형 만들기

오른쪽에 주어진 단어를 참고로
다음 문장을 영어로 써 보세요.

1 저는 이것을 설명해요.

(　　　　　　　　　　　　　　)

저는 이것을 설명하고 있는 중이에요.

(　　　　　　　　　　　　　　)

2 그 택시가 와요.

(　　　　　　　　　　　　　　)

그 택시가 오고 있는 중이에요.

(　　　　　　　　　　　　　　)

3 그들이 기다려요.

(　　　　　　　　　　　　　　)

그들이 기다리고 있는 중이에요.

(　　　　　　　　　　　　　　)

- *come*
- *wait*
- *explain*
- *taxi*
- *this*

4   우리는 점심을 먹어요.   • *go*

⟮   ⟯   • *eat*

우리는 점심을 먹는 중이에요.   • *house*

⟮   ⟯   • *lunch*

5   저는 당신의 집으로 가요.

⟮   ⟯

저는 당신의 집으로 가는 중이에요.

⟮   ⟯

다음 페이지에서 정답을 확인하세요.

완성 문장을 확인하고 여러 번 쓰고 읽어 보세요. MP3 25-01

① 저는 이것을 **설명해요**.

I explain this.

저는 이것을 **설명하고 있는 중이에요**.

I am explaining this.

② 그 택시가 **와요**.

The taxi **comes**.

그 택시가 **오고 있는 중이에요**.

The taxi **is coming**.

③ 그들이 **기다려요**.

They wait.

그들이 **기다리고 있는 중이에요**.

They are waiting.

4 우리는 점심을 먹어요.

We eat lunch.

우리는 점심을 **먹는 중이에요.**

We are eating lunch.

5 저는 당신의 집으로 **가요.**

I go to your house.

저는 당신의 집으로 **가는 중이에요.**

I am going to your house.

✤ 단순현재형에 비해 진행형이 강조의 뉘앙스가 강하답니다.

확장된 다음 문장을 영어로 써 보세요.

> 'will + 동사원형'으로 미래형 만들기

1 제가 이것을 설명할게요.

_____.

2 그 택시가 올 거예요.

_____.

3 그들이 기다릴 거예요.

_____.

4 우리는 점심을 먹을 거예요.

_____.

5 제가 당신의 집으로 갈게요.

_____.

- *explain*
- *go*
- *wait*
- *taxi*
- *come*
- *eat*
- *house*

📖
다음 페이지에서 정답을 확인하세요.

Check it out
완성 문장 **확인하기**

완성 문장을 확인하고 여러 번 쓰고 읽어 보세요. MP3 25-02

1 제가 이것을 **설명할게요**.

I will explain this.

2 그 택시가 **올 거예요**.

The taxi **will come**.

3 그들이 **기다릴 거예요**.

They **will wait**.

4 우리는 점심을 **먹을 거예요**.

We **will eat** lunch.

5 제가 당신의 집으로 **갈게요**.

I **will go** to your house.

문장 확장하기 ②

확장된 다음 문장을 영어로 써 보세요.

> 'will + be + 현재분사'를 써서 미래진행형 만들기

1 저는 이것을 설명하고 있는 중일 거예요.

_____.

• *explain*

• *go*

• *wait*

2 그 택시가 오고 있는 중일 거예요.

_____.

• *taxi*

• *come*

• *eat*

3 그들이 기다리고 있는 중일 거예요.

_____.

• *house*

4 우리는 점심을 먹는 중일 거예요.

_____.

5 저는 당신의 집으로 가고 있는 중일 거예요.

_____.

📖
다음 페이지에서 정답을 확인하세요.

Check it out
완성 문장 **확인하기**

완성 문장을 확인하고 여러 번 쓰고 읽어 보세요. MP3 25-03

1 저는 이것을 **설명하고 있는 중**일 거예요.

I **will be explaining** this.

2 그 택시가 **오고 있는 중**일 거예요.

The taxi **will be coming.**

3 그들이 **기다리고 있는 중**일 거예요.

They **will be waiting.**

4 우리는 점심을 **먹는 중**일 거예요.

We **will be eating** lunch.

5 저는 당신의 집으로 **가고 있는 중**일 거예요.

I **will be going** to your house.

—— DAY 19~25 총정리 ——

Penicillin
페니실린

총정리 순서

STEP 1 기본 구조의 문장으로 구성된 우리말 스토리를 보고 영어로 써보기

STEP 2 구조가 확장된 우리말 스토리를 보고 영어로 써보기

STEP 3 구조가 더 확장된 우리말 스토리를 보고 영어로 써보기

처음부터 끝까지 영어로 쓰는 것이 어렵다면 확장된 부분을 채워 넣어 문장을 완성해보는

Complete the STORY를 먼저 한 후, Write it RIGHT!에 도전해 보세요!

──── SCHEDULE ────

Story Writing은 한 주의 학습을 총정리하는 순서라서 하루만에 모두 소화하기에 벅찬 분량인데요, 다 하지 못한 부분은 assignment로 하거나 시간 날 때마다 짬짬이 도전해 보세요! 아래 훈련기록란도 넉넉히 마련해두었습니다.

1차 훈 련 기 록

시작 시간 _____년 _____월 _____일 _____시 _____분

마친 시간 _____년 _____월 _____일 _____시 _____분

총 연습 시간 _____분

2차 훈 련 기 록

시작 시간 _____년 _____월 _____일 _____시 _____분

마친 시간 _____년 _____월 _____일 _____시 _____분

총 연습 시간 _____분

3차 훈 련 기 록

시작 시간 _____년 _____월 _____일 _____시 _____분

마친 시간 _____년 _____월 _____일 _____시 _____분

총 연습 시간 _____분

(스토리.) 시작하기

다음 스토리를 읽고 스토리 라이팅에 도전해 보세요.

Fleming은 친구가 있었습니다. Fleming의 친구는 부자였어요. 하지만 Fleming은 아니었습니다. 그래도 Fleming과 그의 친구는 좋은 시간을 가졌습니다. Fleming은 대학에 가지 않았습니다. 그는 "내 상황들이 나를 일하게 만들어. 나는 일해야만 해. 나는 돈을 벌어야만 하거든."라고 말했어요. Fleming의 친구는 "나의 아버지는 돈을 좀 가지고 있어. 내가 부탁해 볼게.(미래)"라고 말했습니다. Fleming의 친구는 그를 도와주었습니다. Fleming은 의학을 공부했고 의사가 되었습니다. Fleming의 친구는 정치학을 공부해서 정치가가 되었습니다. 어느 날, Fleming은 그의 친구로부터 한 통의 편지를 받았어요. 그 친구는 "나는 병이 났어. 그리고 죽어가고 있어. 나는 너를 보아야만 하겠어." Fleming은 그의 친구를 만나보았습니다. Fleming은 "내가 도와줄게.(미래)"라고 말했어요. Fleming은 한 약을 만들었어요. 그리고 그 약이 그의 친구를 고쳤습니다. 그 약의 이름은 Penicillin이었습니다. Penicillin은 현재까지 많은 사람들을 살렸습니다.(현재완료) Fleming과 그의 Penicillin은 Elizabeth Taylor, Albert Schweitzer 그리고 더 많은 목숨들을 살렸습니다. Fleming의 친구는 Winston Churchill이었습니다.

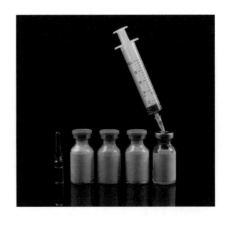

Complete
the STORY

스토리를 영어로 옮길 때 빈칸에 들어갈 알맞은 말을 써 보세요.

Fleming _____. Fleming's friend was rich, but Fleming was

not. Even so, Fleming and his friend _____.

Fleming didn't go to college. He said, "My situations

_____. I _____. I _____."

Fleming's friend said, "My father _____. I will ask."

Fleming's friend helped him. Fleming studied medicine and became a

doctor. Fleming's friend studied politics and became a politician.

One day, Fleming received a letter from his friend. His friend said, "I am

sick and dying. I _____." Fleming met his friend. Fleming

said, "I will help you." Fleming made a medicine. And the medicine

cured his friend.

The medicine's name was Penicillin. Penicillin _____.

Fleming and his Penicillin saved Elizabeth Taylor, Albert Schweitzer, and

many more lives. Fleming's friend was Winston Churchill.

Write in English

아래 힌트 어휘를 참고하면서 해석을 보고 스토리 라이팅을 해 보세요.

_____

_____

_____

_____

_____

_____

_____

_____

_____

_____

_____

_____

_____

_____

_____

Fleming은 친구가 있었습니다. Fleming의 친구는 부자였어요. 하지만 Fleming은 아니었습니다. 그래도 Fleming과 그의 친구는 좋은 시간을 가졌습니다. Fleming은 대학에 가지 않았습니다. 그는 "내 상황들이 나를 일하게 만들어. 나는 일 해야만 돼. 나는 돈을 벌어야만 하거든."라고 말했어요. Fleming의 친구는 "나의 아버지는 돈을 좀 가지고 있어. 내가 부탁해 볼게."라고 말했습니다. Fleming의 친구는 그를 도와주었습니다. Fleming은 의학을 공부했고 의사가 되었습니다. Fleming의 친구는 정치학을 공부해서 정치가가 되었습니다. 어느 날, Fleming은 그의 친구로부터 한 통의 편지를 받았어요. 그 친구는 "나는 병이 났어. 그리고 죽어가고 있어. 나는 너를 보아야만 하겠어." Fleming은 그의 친구를 만나보았습니다. Fleming은 "내가 도와줄게."라고 말했어요. Fleming은 한 약을 만들었어요. 그리고 그 약이 그의 친구를 고쳤습니다. 그 약의 이름은 Penicillin이었습니다. Penicillin은 현재까지 많은 사람들을 살렸습니다. Fleming과 그의 Penicillin은 Elizabeth Taylor, Albert Schweitzer 그리고 더 많은 목숨들을 살렸습니다. Fleming의 친구는 Winston Churchill이었습니다.

●had a friend 친구가 있었습니다 ●Fleming's Fleming의 ●was rich 부자였어요 ●was not 아니었습니다 ●even so 그래도 ●had 가졌습니다 ●a good time 좋은 시간 ●with ⓟ ~와, ~와 함께 ●didn't go to ~에 가지 않았습니다 ●college 대학교 ●said, ~ ~라고 말했어요 ●situations 상황들 ●have me work 나를 일하게 만들어 ●have to 해야만 해 ●make money 돈을 벌다 ●has 가지고 있어 ●some 좀, 약간 ●will ask 부탁해 볼게 ●helped 도와주었습니다 ●medicine 의학 ●became 되었습니다 ●politics 정치학 ●politician 정치가 ●one day 어느 날 ●received 받았어요 ●from ⓟ ~로 부터 ●am sick 병이 났어 ●dying 죽어가는 중 ●see you 너를 보다 ●met 만나 보았습니다 ●will help 도와줄게 ●made 만들었어요 ●medicine 약 ●cured 고쳤습니다 ●medicine's 약의 ●has saved (현재까지) 살렸습니다 ●many more lives 더 많은 목숨들 ●was ~이었습니다

Write it RIGHT

완성된 스토리를 보고 올바로 써본 후, 네이티브 스피커의 음성을 잘 듣고 큰 소리로 따라 읽어 보세요.

Fleming had a friend. Fleming's friend was rich, but Fleming was not.

Even so, Fleming and his friend had a good time.

Fleming didn't go to college. He said, "My situations have me work.

I have to work. I have to make money." Fleming's friend said, "My

father has some money. I will ask." Fleming's friend helped him.

Fleming studied medicine and became a doctor. Fleming's friend

studied politics and became a politician.

One day, Fleming received a letter from his friend. His friend said,

"I am sick and dying. I have to see you." Fleming met his friend.

Fleming said, "I will help you." Fleming made a medicine. And the

medicine cured his friend.

The medicine's name was Penicillin. Penicillin has saved many people.

Fleming and his Penicillin saved Elizabeth Taylor, Albert Schweitzer,

and many more lives. Fleming's friend was Winston Churchill.

Grammar
Focus
STEP 2

미래형(will), 미래진행형(will be + -ing), 현재진행형(be동사 + -ing),
과거진행형(was/were + -ing), 현재완료형(have, has + 과거분사) 쓰기

EXPAND WRITING

스토리 확장하기

다음 스토리를 읽고 스토리 라이팅에 도전해 보세요.

Fleming은 친구가 있었습니다. Fleming의 친구는 부자였어요. 하지만 Fleming은 아니었습니다. 그래도 Fleming과 그의 친구는 좋은 시간을 가졌습니다. Fleming은 대학에 가지 않았습니다. 그는 "내 상황들이 나를 일하게 **만들고 있는 중이야**.⁽현재진행⁾ 나는 **일할 거야**.⁽미래⁾ 나는 **돈을 벌 예정이야**.⁽미래⁾"라고 말했어요. Fleming의 친구는 "나의 아버지는 회사를 **경영하고 있는 중이셔**.⁽현재진행⁾ 내가 **부탁해 볼게**.⁽미래⁾"라고 말했습니다.

Fleming의 친구는 그를 도와주었습니다. Fleming은 의학을 공부했고 의사가 되었습니다. Fleming의 친구는 정치학을 공부해서 정치가가 되었습니다.

어느 날, Fleming은 그의 친구로부터 한 통의 편지를 받았어요. 그 친구는 "나는 병이 났어 그리고 나는 **죽어가고 있는 중이야**.⁽현재진행⁾ 나는 너를 보아야만 하겠어. **너를 기다리고 있을게**.⁽미래진행⁾" Fleming은 그의 친구를 만나보았습니다. Fleming은 "내가 **도와줄게**.⁽미래⁾"라고 말했어요. Fleming은 한 약을 만들었어요. 그리고 그 약이 그의 친구를 고쳤습니다.

그 약의 이름은 Penicillin이었습니다. Penicillin은 **많은 사람들을 살리고 있는 중입니다**.⁽현재진행⁾ Fleming과 그의 Penicillin은 Elizabeth Taylor, Albert Schweitzer 그리고 더 많은 목숨들을 살렸습니다. Fleming의 친구는 Winston Churchill 이었습니다.

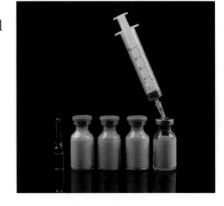

Complete
the STORY

스토리를 영어로 옮길 때 빈칸에 들어갈 알맞은 말을 써 보세요.

Fleming had a friend. Fleming's friend was rich, but Fleming was not. Even so,

Fleming and his friend had a good time.

Fleming didn't go to college. He said, "My situations _____ me work.

I _____. I _____." Fleming's friend said, "My father

_____ a company. I _____." Fleming's friend helped him.

Fleming studied medicine and became a doctor. Fleming's friend studied

politics and became a politician.

One day, Fleming received a letter from his friend. His friend said, "I am sick. I

_____. I have to see you. I _____

." Fleming met his friend. Fleming said, "I _____." Fleming made a

medicine. And the medicine cured his friend.

The medicine's name was Penicillin. Penicillin _____.

Fleming and his Penicillin saved Elizabeth Taylor, Albert Schweitzer, and many

more lives. Fleming's friend was Winston Churchill.

Write in English

아래 힌트 어휘를 참고하면서 해석을 보고 스토리 라이팅을 해 보세요.

_____

_____

_____

_____

_____

_____

_____

_____

_____

_____

_____

_____

_____

_____

_____

Fleming은 친구가 있었습니다. Fleming의 친구는 부자였어요. 하지만 Fleming은 아니었습니다. 그래도 Fleming과 그의 친구는 좋은 시간을 가졌습니다. Fleming은 대학에 가지 않았습니다. 그는 "내 상황들이 나를 일하게 만들고 있는 중이야. 나는 일할 거야. 나는 돈을 벌 예정이야."라고 말했어요. Fleming의 친구는 "나의 아버지는 회사를 경영하고 있는 중이셔. 내가 부탁해볼게."라고 말했습니다. Fleming의 친구는 그를 도와주었습니다. Fleming은 의학을 공부했고 의사가 되었습니다. Fleming의 친구는 정치학을 공부해서 정치가가 되었습니다. 어느 날, Fleming은 그의 친구로부터 한 통의 편지를 받았어요. 그 친구는 "나는 병이 났어 그리고 나는 죽어가고 있는 중이야. 나는 너를 보아야만 되겠어. 너를 기다리고 있을게." Fleming은 그의 친구를 만나보았습니다. Fleming은 "내가 도와줄게."라고 말했어요. Fleming은 한 약을 만들었어요. 그리고 그 약이 그의 친구를 고쳤습니다. 그 약의 이름은 Penicillin이었습니다. Penicillin은 많은 사람들을 살리고 있는 중입니다. Fleming과 그의 Penicillin은 Elizabeth Taylor, Albert Schweitzer 그리고 더 많은 목숨들을 살렸습니다. Fleming의 친구는 Winston Churchill이었습니다.

● **was rich** 부자였어요 ● **was not** 아니었습니다 ● **had a good time** 좋은 시간을 가졌습니다 ● **didn't go to** ~에 가지 않았습니다
● **are having ~ work** ~를 일하게 만들고 있는 중이야 ● **will work** 일할 거야 ● **will make money** 돈을 벌 예정이야
● **is managing** 경영하고 있는 중이셔 ● **company** 회사 ● **will ask** 부탁해 볼게 ● **received** 받았어요 ● **from** ⓟ ~로 부터
● **am dying** 죽어가고 있는 중이야 ● **have to see** 보아야만 하겠어 ● **will be waiting for** ~을 기다리고 있을게 ● **will help** 도와줄게
● **cured** 고쳤습니다 ● **is saving** 살리고 있는 중입니다 ● **many more lives** 더 많은 목숨들

Write it RIGHT

완성된 스토리를 보고 올바로 써본 후, 네이티브 스피커의 음성을 잘 듣고 큰 소리로 따라 읽어 보세요.

151
26-02

Fleming had a friend. Fleming's friend was rich, but Fleming was not. Even so, Fleming and his friend had a good time.

Fleming didn't go to college. He said, "My situations **are having** me work. I **will work**. I **will make money**." Fleming's friend said, "My father **is managing** a company. I **will ask**." Fleming's friend helped him. Fleming studied medicine and became a doctor. Fleming's friend studied politics and became a politician.

One day, Fleming received a letter from his friend. His friend said, "I am sick. I **am dying**. I have to see you. I **will be waiting for you**." Fleming met his friend. Fleming said, "I **will help you**." Fleming made a medicine. And the medicine cured his friend.

The medicine's name was Penicillin. Penicillin **is saving many people**. Fleming and his Penicillin saved Elizabeth Taylor, Albert Schweitzer, and many more lives. Fleming's friend was Winston Churchill.

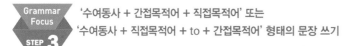

Grammar Focus STEP 3	'수여동사 + 간접목적어 + 직접목적어' 또는 '수여동사 + 직접목적어 + to + 간접목적어' 형태의 문장 쓰기	EXPAND WRITING +

스토리 더 확장하기

다음 스토리를 읽고 스토리 라이팅에 도전해 보세요.

Fleming은 친구가 있었습니다. Fleming의 친구는 부자였어요. 하지만 Fleming은 아니었습니다. 그래도 Fleming과 그의 친구는 좋은 시간을 가졌습니다. Fleming은 대학에 가지 않았습니다. 그는 "내 상황들이 나를 일하게 만들어. 나는 일할 거야.^(미래) 나는 돈을 벌 예정이야.^(미래)"라고 말했어요. Fleming의 친구는 "나의 아버지는 회사를 경영하고 있는 중이셔.^(현재진행) 내가 아버지에게 후원을 부탁해 볼게.^(미래)"라고 말했습니다.

Fleming의 친구는 그를 도와주었습니다. Fleming은 의학을 공부했고 의사가 되었습니다. Fleming의 친구는 정치학을 공부해서 정치가가 되었습니다.

어느 날, Fleming은 그의 친구로부터 한 통의 편지를 받았어요. 그의 친구가 그에게 편지를 보낸 것이었습니다. 그 친구는 "나는 병이 났어 그리고 나는 죽어가고 있는 중이야.^(현재진행) 나는 너에게 진실을 말해 줘야만 하겠어. 너를 기다리고 있을게.^(미래진행)" Fleming은 그의 친구를 만나보았습니다. Fleming은 "내가 도와줄게.^(미래) 내가 너에게 약을 만들어 줄게."라고 말했어요. Fleming은 한 약을 만들었어요. 그리고 그 약이 그의 친구를 고쳤습니다.

그 약의 이름은 Penicillin이었습니다. Penicillin은 많은 사람들에게 새로운 삶을 주었습니다. Fleming과 그의 Penicillin은 Elizabeth Taylor, Albert Schweitzer 그리고 더 많은 생명들에게 두 번째 기회를 주었습니다. Fleming의 친구는 Winston Churchill이었습니다.

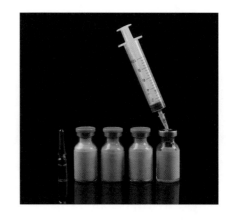

Complete
the STORY

스토리를 영어로 옮길 때 빈칸에 들어갈 알맞은 말을 써 보세요.

Fleming had a friend. Fleming's friend was rich, but Fleming was not. Even so, Fleming and his friend had a good time.

Fleming didn't go to college. He said, "My situations have me work. I will work. I will make money." Fleming's friend said, "My father is managing a company. I _____." Fleming's friend helped him. Fleming studied medicine and became a doctor. Fleming's friend studied politics and became a politician.

One day, Fleming received a letter from his friend. His friend _____. His friend said, "I am sick. I am dying. I _____. I will be waiting for you." Fleming met his friend. Fleming said, "I will help you. I _____." Fleming made a medicine. And the medicine cured his friend.

The medicine's name was Penicillin. Penicillin _____ _____. Fleming and his Penicillin _____ _____. Fleming's friend was Winston Churchill.

Write in English

아래 힌트 어휘를 참고하면서 해석을 보고 스토리 라이팅을 해 보세요.

_____

_____

_____

_____

_____

_____

_____

_____

_____

_____

_____

_____

_____

_____

_____

_____

Fleming은 친구가 있었습니다. Fleming의 친구는 부자였어요. 하지만 Fleming은 아니었습니다. 그래도 Fleming과 그의 친구는 좋은 시간을 가졌습니다. Fleming은 대학에 가지 않았습니다. 그는 "내 상황들이 나를 일하게 만들어. 나는 일할 거야. 나는 돈을 벌 예정이야."라고 말했어요. Fleming의 친구는 "나의 아버지는 회사를 경영하고 있는 중이셔. 내가 아버지에게 후원을 부탁해 볼게."라고 말했습니다. Fleming의 친구는 그를 도와주었습니다. Fleming은 의학을 공부했고 그리고 의사가 되었습니다. Fleming의 친구는 정치학을 공부해서 정치가가 되었습니다. 어느 날, Fleming은 그의 친구로부터 한 통의 편지를 받았어요. 그의 친구가 그에게 편지를 보낸 것이었습니다. 그 친구는 "나는 병이 났어 그리고 나는 죽어가고 있는 중이야. 나는 너에게 진실을 말해 줘야만 하겠어. 너를 기다리고 있을게." Fleming은 그의 친구를 만나 보았습니다. Fleming은 "내가 도와줄게. 내가 너에게 약을 만들어 줄게."라고 말했어요. Fleming은 한 약을 만들었어요. 그리고 그 약이 그의 친구를 고쳤습니다. 그 약의 이름은 Penicillin이었습니다. Penicillin은 많은 사람들에게 새로운 삶을 주었습니다. Fleming과 그의 Penicillin은 Elizabeth Taylor, Albert Schweitzer 그리고 더 많은 생명들에게 두 번째 기회를 주었습니다. Fleming의 친구는 Winston Churchill이었습니다.

● **have me work** 나를 일하게 만들어 ● **will work** 일할 거야 ● **make money** 돈을 벌 예정이야 ● **is managing** 경영하고 있는 중이셔
● **ask my father** 아버지에게 부탁하다 ● **favor** 후원 ● **sent him** 그에게 ~을 보낸 것이었습니다 ● **tell you** 너에게 ~을 말해주다 ● **truth** 진실
● **will be waiting for** ~을 기다리고 있을게 ● **make you** 너에게 ~을 만들어 주다 ● **cured** 고쳤습니다
● **gave many people** 많은 사람들에게 ~을 주었습니다 ● **new life** 새로운 삶 ● **gave ~ a second chance** ~에게 두 번째 기회를 주었습니다

Write it RIGHT

완성된 스토리를 보고 올바로 써본 후, 네이티브 스피커의 음성을 잘 듣고 큰 소리로 따라 읽어 보세요.

Fleming had a friend. Fleming's friend was rich, but Fleming was not. Even so, Fleming and his friend had a good time.

Fleming didn't go to college. He said, "My situations have me work. I will work. I will make money." Fleming's friend said, "My father is managing a company. I **will ask my father a favor.**" Fleming's friend helped him. Fleming studied medicine and became a doctor. Fleming's friend studied politics and became a politician.

One day, Fleming received a letter from his friend. His friend **sent him a letter**. His friend said, "I am sick. I am dying. I **have to tell you the truth**. I will be waiting for you." Fleming met his friend. Fleming said, "I will help you. I **will make you a medicine**" Fleming made a medicine. And the medicine cured his friend.

The medicine's name was Penicillin. Penicillin **gave many people new life**. Fleming and his Penicillin **gave Elizabeth Taylor, Albert Schweitzer, and many more lives a second chance.** Fleming's friend was Winston Churchill.

스토리 더×2 확장하기

다음 스토리를 읽고 스토리 라이팅에 도전해 보세요.

Fleming은 친구가 있었습니다. Fleming의 친구는 부자였어요. 하지만 Fleming은 아니었습니다. 그래도 Fleming과 그의 친구는 좋은 시간을 가졌습니다.

Fleming은 대학에 가지 않았습니다. 그는 "내 상황들이 나를 일하게 만들어. 나는 일할 거야.(미래) 나는 돈을 벌 예정이야.(미래)"라고 말했어요. Fleming의 친구는 "회사가 나의 아버지에 의해 경영되고 있어.(현재 수동태) 내가 아버지에게 후원을 부탁해 볼게.(미래)"라고 말했습니다.

Fleming은 그의 친구로 인해 도움을 받았습니다.(과거 수동태) Fleming은 의학을 공부했고 의사가 되었습니다. Fleming의 친구는 정치학을 공부해서 정치가가 되었습니다. 어느 날, Fleming은 그의 친구로부터 한 통의 편지를 받았어요. 편지 한 통이 그에게 보내진 것이었습니다.(과거 수동태) 그 친구는 "나는 병이 났어 그리고 나는 죽어가고 있는 중이야.(현재진행) 나는 너에게 진실을 말해야만 하겠어. 나 너를 기다리고 있을게.(미래진행)" Fleming은 그의 친구를 만나보았습니다. Fleming은 "내가 도와줄게.(미래) 내가 너에게 약을 만들어 줄게."라고 말했어요. 한 약이 Fleming에 의해 만들어졌습니다.(과거 수동태) 그리고 그의 친구는 그 약으로 인해서 고침을 받았습니다.(과거 수동태)

그 약의 이름은 Penicillin이었습니다. 많은 사람들이 Penicillin으로 인해 살려집니다.(현재 수동태) Elizabeth Taylor, Albert Schweitzer 그리고 더 많은 생명들이 Fleming과 그의 Penicillin에 의해 살아났죠.(과거 수동태) Fleming의 친구는 Winston Churchill이었습니다.

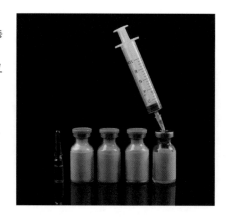

Complete
the STORY

더 확장된 구조의 다음 스토리를 영어로 써 보세요.

Fleming had a friend. Fleming's friend was rich, but Fleming was not. Even so, Fleming and his friend had a good time.

Fleming didn't go to college. He said, "My situations have me work. I will work. I will make money." Fleming's friend said, "A company _____ my father. I will ask my father a favor." Fleming _____ his friend. Fleming studied medicine and became a doctor. Fleming's friend studied politics and became a politician.

One day, Fleming received a letter from his friend. A letter _____ him. His friend said, "I am sick. I am dying. I have to tell you the truth. I will be waiting for you." Fleming met his friend. Fleming said, "I will help you. I will make you a medicine." A medicine _____ Fleming. And his friend _____ the medicine.

The medicine's name was Penicillin. Many people _____ Penicillin. Elizabeth Taylor, Albert Schweitzer, and many more lives _____ Fleming and his Penicillin. Fleming's friend was Winston Churchill.

Write in English

아래 힌트 어휘를 참고하면서 해석을 보고 스토리 라이팅을 해 보세요.

_____

_____

_____

_____

_____

_____

_____

_____

_____

_____

_____

_____

_____

_____

_____

Fleming은 친구가 있었습니다. Fleming의 친구는 부자였어요. 하지만 Fleming은 아니었습니다. 그래도 Fleming과 그의 친구는 좋은 시간을 가졌습니다. Fleming은 대학에 가지 않았습니다. 그는 "내 상황들이 나를 일하게 만들어. 나는 일할 거야. 나는 돈을 벌 예정이야."라고 말했어요. Fleming의 친구는 "회사가 나의 아버지에 의해 경영되고 있어. 내가 아버지에게 후원을 부탁해 볼게."라고 말했습니다. Fleming은 그의 친구로 인해 도움을 받았습니다. Fleming은 의학을 공부했고 그리고 의사가 되었습니다. Fleming의 친구는 정치학을 공부해서 정치가가 되었습니다. 어느 날, Fleming은 그의 친구로부터 한 통의 편지를 받았어요. 편지 한 통이 그에게 보내진 것이었습니다. 그 친구는 "나는 병이 났어 그리고 나는 죽어가고 있는 중이야. 나는 너에게 진실을 말해야만 하겠어. 너를 기다리고 있을게." Fleming은 그의 친구를 만나보았습니다. Fleming은 "내가 도와줄게. 내가 너에게 약을 만들어 줄게."라고 말했어요. 한 약이 Fleming에 의해 만들어졌습니다. 그리고 그의 친구는 그 약으로 인해서 고침을 받았습니다. 그 약의 이름은 Penicillin이었습니다. 많은 사람들이 Penicillin으로 인해 살려집니다. Elizabeth Taylor, Albert Schweitzer 그리고 더 많은 생명들이 Fleming과 그의 Penicillin에 의해 살아났죠. Fleming의 친구는 Winston Churchill이었습니다.

●**is managed by** ~에 의해 경영되고 있어 ●**was helped by** ~에 의해 도움을 받았습니다 ●**was sent to** ~에게 보내진 것이었습니다
●**was made by** ~에 의해 만들어졌습니다 ●**was cured by** ~에 의해 고침을 받았습니다 ●**are saved by** ~에 의해 살려집니다
●**were saved by** ~에 의해 살아났죠

Write it RIGHT

완성된 스토리를 보고 올바로 써본 후, 네이티브 스피커의 음성을 잘 듣고 큰 소리로 따라 읽어 보세요.

Fleming had a friend. Fleming's friend was rich, but Fleming was not. Even so, Fleming and his friend had a good time.

Fleming didn't go to college. He said, "My situations have me work. I will work. I will make money." Fleming's friend said, "A company **is managed by** my father. I will ask my father a favor." Fleming **was helped by** his friend. Fleming studied medicine and became a doctor. Fleming's friend studied politics and became a politician.

One day, Fleming received a letter from his friend. A letter **was sent to** him. His friend said, "I am sick. I am dying. I have to tell you the truth. I will be waiting for you." Fleming met his friend. Fleming said, "I will help you. I will make you a medicine" A medicine **was made by** Fleming. And his friend **was cured by** the medicine.

The medicine's name was Penicillin. Many people **are saved by** Penicillin. Elizabeth Taylor, Albert Schweitzer, and many more lives **were saved by** Fleming and his Penicillin. Fleming's friend was Winston Churchill.

DAY 27

명사 뒤에 문장 쓰기: 형용사절 1

명사 뒤에 '주어 + 동사'(절)를 붙여 '(주어)가 ～한'의 의미로
명사를 수식하는 형용사절을 만들 수 있다.
Ex. the favor **you asked** 네가 요구한 그 부탁

시작 시간 _____년 _____월 _____일 _____시 _____분

마친 시간 _____년 _____월 _____일 _____시 _____분   총 연습 시간 _____분

(문장.) 시작하기 ①

명사 뒤에 문장(주어 + 동사)을 써서 그 명사를 꾸며주기
→ 명사 + 문장

오른쪽에 주어진 단어를 참고로 다음
어구 또는 문장을 영어로 써 보세요.

그 부탁 ▸ (   )

• *receive*

네가 요구했다 ▸ (   )

• *budget*

네가 요구한 그 부탁 ▸ (   )

• *ask*

• *benefit*

• *favor*

그 예산 ▸ (   )

• *have*

우리가 가지고 있다 ▸ (   )

우리가 가지고 있는 그 예산

▸ (   )

그 혜택들 ▸ (   )

너는 받는다 ▸ (   )

네가 받는 혜택들 ▸ (   )

그 색깔들 ▸ (   )   • *barrier*

내가 좋아한다 ▸ (   )   • *color*

내가 좋아하는 그 색깔들   • *overcome*

▸ (   )   • *like*

그 장애물 ▸ (   )

내가 극복했다 ▸ (   )

내가 극복한 그 장애물

▸ (   )

📖
다음 페이지에서 정답을 확인하세요.

Check it out
완성 문장 **확인하기**

완성 어구 또는 문장을 확인하고 여러 번 쓰고 읽어 보세요. MP3 27-01

그 부탁 ‣	**the favor**
네가 요구했다 ‣	**you asked**
네가 요구한 그 부탁 ‣	**the favor you asked**

그 예산 ‣	**the budget**
우리가 가지고 있다 ‣	**we have**
우리가 가지고 있는 그 예산 ‣	**the budget we have**

그 혜택들 ‣	**the benefits**
너는 받는다 ‣	**you receive**
네가 받는 혜택들 ‣	**the benefits you receive**

그 색깔들 ‣ **the colors**

내가 좋아한다 ‣ **I like**

내가 좋아하는 그 색깔들 ‣ **the colors I like**

그 장애물 ‣ **the barrier**

내가 극복했다 ‣ **I overcame**

내가 극복한 그 장애물 ‣ **the barrier I overcame**

(문장.) 시작하기 ②

> 주어 + 타동사 ~, 주어 + be동사 ~

오른쪽에 주어진 단어를 참고로
다음 문장을 영어로 써 보세요.

1 저는 전달했어요.

   (   )

2 그는 깎아요.

   (   )

3 그들은 부러워했어요.

   (   )

4 이것들이 ~이에요.

   (   )

5 이것이 ~이에요.

   (   )

- *envy*
- *cut*
- *these*
- *forward*
- *they*
- *this*

다음 페이지에서 정답을 확인하세요.

문장 확장하기

> ### '명사 + 형용사절' 쓰기

확장된 다음 문장을 영어로 써 보세요.

1 저는 당신이 요구한 그 부탁을 전달했어요.

I forwarded _____.

• *budget*

• *ask*

• *barrier*

2 그는 우리가 가지고 있는 그 예산을 깎아요.

He cuts _____.

• *benefit*

• *favor*

• *receive*

3 그들은 당신이 받는 그 혜택을 부러워했어요.

They envied _____.

• *overcome*

• *color*

4 이것들이 제가 좋아하는 그 색깔이에요.

These are _____.

5 이것이 제가 극복한 그 장애물이에요.

This is _____.

다음 페이지에서 정답을 확인하세요.

> 부사, 전치사, to부정사를 추가해서
> 좀 더 내용을 풍부하게 만들기

더 확장된 다음 문장을 영어로 써 보세요.

1   어제 오후, 저는 당신이 요구한 그 부탁을 전달했어요.

_____ , I forwarded the favor you asked.

2   결국, 그가 그 프로젝트를 위해서 우리가 가지고 있던 예산을 깎아요.

_____ , he cuts the budget we have _____ .

3   이것들이 제가 입기를 좋아하는 색깔이에요.

These are the colors I like _____ .

4   이것이 그녀와 좋은 관계를 유지하기 위해서 제가 극복한 장애물이에요.

This is the barrier I overcame _____ .

📖
다음 페이지에서 정답을 확인하세요.

Check it out
완성 문장 **확인하기**

완성 문장을 확인하고 여러 번 쓰고 읽어 보세요. MP3 27-02

1 어제 오후, 저는 당신이 요구한 그 부탁을 전달했어요.

Yesterday afternoon, I forwarded the favor you asked.

더 확장·································· 시작······ 확장·····················

2 결국, 그가 그 프로젝트를 위해서 우리가 가지고 있던 예산을 깎아요.

Finally, he cuts the budget we have for the project.

더 확장·········· 시작··············· 확장·· 더 확장·····················

3 그들은 당신이 그 회사로부터 받는 혜택을 부러워했어요.

They envied the benefits you receive from the company.

시작························· 확장···································· 더 확장·······················

4 이것들이 제가 입기를 좋아하는 색깔이에요.

These are the colors I like to wear.

시작···················· 확장························· 더 확장···········

5 이것이 그녀와 좋은 관계를 유지하기 위해서 제가 극복한 장애물이에요.

This is the barrier I overcame to keep a good relationship

시작·············· 확장······················· 더 확장····················

with her.

··················

SENTENCE WRITING

28

명사 뒤에 문장 쓰기: 형용사절 2

명사 뒤에서 명사를 수식해 주는 형용사절은
'명사 + 형용사절'의 형태로 문장의 주어로 쓰일 수 있다.

Ex. **The place we went** was great.

우리가 갔던 그 장소는 끝내줬어요.

시작 시간 _____년 _____월 _____일 _____시 _____분

마친 시간 _____년 _____월 _____일 _____시 _____분   총 연습 시간 _____분

(문장.) 시작하기 ①

> 명사 뒤에 절(주어+동사)을 써서 그 명사를 꾸며주기
> → 명사 + 형용사절

오른쪽에 주어진 단어를 참고로 다음
어구 또는 문장을 영어로 써 보세요.

그 장소 ▸ (　　　　　　　　　)

우리는 갔었다 ▸ (　　　　　　　　　)

우리가 갔던 그 장소 ▸ (　　　　　　　　　)

그 가격 ▸ (　　　　　　　　　)

네가 지불했다 ▸ (　　　　　　　　　)

네가 지불한 그 가격 ▸ (　　　　　　　　　)

그 방 번호 ▸ (　　　　　　　　　)

나는 기억해요 ▸ (　　　　　　　　　)

내가 기억하는 그 방 번호

▸ (　　　　　　　　　)

- *recall*
- *price*
- *pay*
- *go*
- *place*
- *room number*

그 말들 ► (   )   • *experience*

그녀가 말했다 ► (   )   • *say*

그녀가 했었던 그 말들 ► (   )   • *word*

                                                    • *have*

그 경험 ► (   )

나는 가졌다 ► (   )

내가 가졌던 그 경험 ► (   )

다음 페이지에서 정답을 확인하세요.

Check it out
완성 문장 **확인하기**

완성 어구 또는 문장을 확인하고 여러 번 쓰고 읽어 보세요. MP3 28-01

그 장소 ▸ **the place**

우리는 갔었다 ▸ **we went**

우리가 갔던 그 장소 ▸ **the place we went**

그 가격 ▸ **the price**

네가 지불했다 ▸ **you paid**

네가 지불한 그 가격 ▸ **the price you paid**

그 방 번호 ▸ **the room number**

나는 기억해요 ▸ **I recall**

내가 기억하는 그 방 번호 ▸ **the room number I recall**

그 말들 ‣ **the words**

그녀가 말했다 ‣ **she said**

그녀가 했었던 그 말들 ‣ **the words she said**

그 경험 ‣ **the experience**

나는 가졌다 ‣ **I had**

내가 가졌던 그 경험 ‣ **the experience I had**

(문장.) 시작하기 ②

주어 + be동사

오른쪽에 주어진 단어를 참고로
다음 문장을 영어로 써 보세요.

1 그것은 끝내줬어요.

　　（　　　　　　　　　　　　　　　　　　　）

2 그것은 적당해요.

　　（　　　　　　　　　　　　　　　　　　　）

3 그것들은 1901호와 1902호예요.

　　（　　　　　　　　　　　　　　　　　　　）

4 그것들은 달콤했어요.

　　（　　　　　　　　　　　　　　　　　　　）

5 그것은 교육적이었어요.

　　（　　　　　　　　　　　　　　　　　　　）

* *they*

* *reasonable*

* *sweet*

* *it*

* *great*

* *educative*

다음 페이지에서 정답을 확인하세요.

Check it out
완성 문장 **확인하기**

완성 문장을 확인하고 여러 번 쓰고 읽어 보세요. MP3 28-02

1 그것은 끝내줬어요.

It was great.

2 그것은 적당해요.

It is reasonable.

3 그것들은 1901호와 1902호예요.

They are 1901 and 1902.

4 그것들은 달콤했어요.

They were sweet.

5 그것은 교육적이었어요.

It was educative.

문장 **확장**하기

> 형용사절을 주어로 쓰기
> → 명사 + 형용사절 + be동사

확장된 다음 문장을 영어로 써 보세요.

1 우리가 갔던 그 장소는 끝내줬어요.

_____.

2 당신이 지불한 그 가격은 적당해요.

_____.

3 제가 기억하는 그 방 번호는 1901호와 1902호예요.

_____.

4 그녀가 한 말은 달콤했어요.

_____.

5 제가 가졌던 그 경험은 교육적이었어요.

_____.

- *price*
- *experience*
- *educative*
- *reasonable*
- *pay*
- *room number*
- *words*
- *recall*
- *sweet*
- *place*

다음 페이지에서 정답을 확인하세요.

단어를 추가해서 내용을 좀 더 풍성하게 하기

더 확장된 다음 문장을 영어로 써 보세요.

1 우리가 지난주에 갔던 그 장소는 끝내줬어요.

The place we went _____ was great.

---

2 당신이 이것을 위해서 지불한 그 가격은 적당해요.

The price you paid _____ is reasonable.

---

3 제가 지금 기억하는 그 방 번호는 1901호와 1902호예요.

The room numbers I recall _____ are 1901 and 1902.

---

4 그녀가 어제 한 말은 달콤하고 그리고 감동스러웠어요.

The words she said _____ were sweet.

---

5 제가 방학 동안에 가졌던 그 경험은 나에게 교육적이었어요.

The experience I had _____ was very educative.

📖 다음 페이지에서 정답을 확인하세요.

Check it out
완성 문장 **확인하기**

완성 문장을 확인하고 여러 번 쓰고 읽어 보세요. MP3 **28-03**

① 우리가 지난주에 갔었던 그 장소는 끝내줬어요.

The place we went last week **was great.**

확장·· 더 확장··················· 확장··················

② 당신이 이것을 위해서 지불한 그 가격은 적당해요.

The price you paid for this **is reasonable.**

확장··· 더 확장··············· 확장····················

③ 제가 지금 기억하는 그 방 번호는 1901호와 1902호예요.

The room numbers I recall now **are 1901 and 1902.**

확장··· 더 확장···· 확장····················

④ 그녀가 어제 한 말은 달콤하고 그리고 감동스러웠어요.

The words she said yesterday **were sweet** and

확장································· 더 확장··············· 확장···················· 더 확장··

impressive.

·····················

⑤ 제가 방학 동안에 가졌던 그 경험은 나에게 교육적이었어요.

The experience I had during my vacation **was very**

확장······························· 더 확장······················ 확장·················

educative to me.

································ 더 확장··········

DAY 29

형용사, 전치사구, 형용사절을
한 문장 안에 쓰기

전치사구 '전치사 + 명사'의 형태로 동사나 명사를 수식하는 구

Ex. The store **near my house** sells toys **during the promotion**.

집 근처에 있는 그 가게는 **판매 홍보 기간 동안** 장난감을 팔아요.

형용사절 명사 뒤에서 명사를 수식하는 절 (명사 + 형용사절)

Ex. The big store **you told me** sells new toys **children want** during the special
promotion **they have**.

당신이 제게 얘기해 준 그 큰 가게는 **그들이 하는** 특별 판매 홍보 기간 동안 **아이들이 원하는** 새로운 장난감을 팔아요.

시작 시간 _____년 _____월 _____일 _____시 _____분

마친 시간 _____년 _____월 _____일 _____시 _____분   총 연습 시간 _____분

(문장.) 시작하기

오른쪽에 주어진 단어를 참고로
다음 문장을 영어로 써 보세요.

1 그 가게는 팔아요.

(⟩

그 가게는 장난감들을 팔아요.

(⟩

2 이 책은 가르쳐 줘요.

(⟩

이 책은 규칙들을 가르쳐 줘요.

(⟩

3 외국인들은 이용했어요.

(⟩

외국인들은 오토바이를 이용했어요.

(⟩

- *motorcycle*
- *toy*
- *rule*
- *store*
- *teach*
- *foreigner*

확장된 다음 문장을 영어로 써 보세요.

1   그 가게는 판매 홍보 기간 동안 장난감을 팔아요.   • *promotion*

The store sells toys _____.   • *relationship*

                                                    • *weather*

2   이 책은 관계 속에 있는 규칙들을 가르쳐 줘요.   • *during*

This book teaches rules _____.   • *despite*

3   외국인들은 그 날씨에도 불구하고 오토바이를 이용했어요.

Foreigners used motorcycles _____.

~동안 **O** during
~속에서, ~속에 있는 **O** in
~에도 불구하고 **O** despite

📖
다음 페이지에서 정답을 확인하세요.

Check it out
완성 문장 확인하기

완성 문장을 확인하고 여러 번 쓰고 읽어 보세요. MP3 29-01

1 그 가게는 판매 홍보 기간 동안 장난감을 팔아요.

The store sells toys during the promotion.

시작·· 확장···

2 이 책은 관계 속에 있는 규칙들을 가르쳐 줘요.

This book teaches rules in a relationship.

시작··· 확장···

3 외국인들은 그 날씨에도 불구하고 오토바이를 이용했어요.

Foreigners used motorcycles despite the weather.

시작·· 확장···

문장 **더** 확장하기 EXPAND WRITING +

> 형용사를 끼워 넣어서 문장 확장하기

더 확장된 다음 문장을 영어로 써 보세요.

1 그 큰 가게는 특별 판매 홍보 기간 동안 새로운 장난감을 팔아요.

The _____ store sells _____ toys during the

_____ promotion.

2 이 작은 책은 일상적인 관계 속에서 중요한 규칙들을 가르쳐 줘요.

This _____ book teaches _____ rules in an

_____ relationship.

3 많은 외국인들은 그 더운 날씨에도 불구하고 값이 저렴한 오토바이를 이용했어요.

_____ foreigners used _____ motorcycles

despite the _____ weather.

다음 페이지에서 정답을 확인하세요.

문장 더×2 확장하기

형용사절(명사 + 문장)을 끼워 넣어서 문장 확장하기

더 확장된 다음 문장을 영어로 써 보세요.

1 당신이 제게 얘기해준 그 큰 가게는 그들이 제공하는 특별 판매 홍보 기간 동안 아이들이 원하는 새로운 장난감을 팔아요.

The big store   **sells new toys**   **during the**
_____

special promotion   .
_____

2 제가 읽고 있는 이 작은 책은 우리가 나누는 일상적인 관계 속에서 우리에게 필요한 중요한 규칙들을 가르쳐 줘요.

This small book   **teaches crucial rules**
_____

in an everyday relationship   .
_____

3 제가 만났던 많은 외국인들은 대부분 동남아 국가들이 가지고 있는 그 더운 날씨에도 불구하고 현지 사람들이 타는 값이 저렴한 오토바이를 이용했어요.

Many foreigners   **used cheap motorcycles**
_____

despite the hot weather   .
_____

다음 페이지에서 정답을 확인하세요.

Check it out
완성 문장 확인하기

완성 문장을 확인하고 여러 번 쓰고 읽어 보세요. MP3 **29-02**

1 당신이 제게 얘기해준 그 큰 가게는 그들이 하는 특별 판매 홍보 기간 동안 아이들이 원하는 새로운 장난감을 팔아요.

The big store you told me **sells new toys** children want

더 확장·················· 더×2 확장·············· 더 확장·········· ············ 더×2 확장··············

during the special promotion they have.

더 확장······················· 더×2 확장··············

2 제가 읽고 있는 이 작은 책은 우리가 나누는 일상적인 관계 속에서 우리에게 필요한 중요한 규칙들을 가르쳐 줘요.

This small book I read **teaches crucial rules** we need **in**

더 확장····················· 더×2 확장······ 더 확장····················· 더×2 확장··········· 더 확장

an everyday relationship we share.

·························· 더×2 확장···············

3 제가 만났던 많은 외국인들은 대부분 동남아 국가들이 가지고 있는 그 더운 날씨에도 불구하고 현지 사람들이 타는 값이 저렴한 오토바이를 이용했어요.

Many foreigners I met **used cheap motorcycles** local

더 확장··················· 더×2 확장····· 더 확장······ ······················ 더×2 확장····

people ride despite the hot weather most Southeast

············ 더 확장············· 더×2 확장··············

Asian countries have.

·····························

문장 **더**×3 **확장**하기

전치사구(전치사 + 명사)를 끼워 넣어서 문장 확장하기

더 확장된 다음 문장을 영어로 써 보세요.

1 당신이 아침에 제게 얘기해 준 그 큰 가게는 그들이 금요일에 하는 특별 판매 홍보 기간 동안 아이들이 생일 선물로 원하는 새로운 장난감을 팔아요.

_____

_____

2 제가 도서관에서 읽고 있는 이 작은 책은 우리가 친구들과 나누는 일상적인 관계 속에서 의미 있는 파트너로서 우리에게 필요한 중요한 규칙들을 가르쳐 줘요.

_____

_____

3 동남아시아 국가를 돌아다니는 저의 여행 동안 제가 만났던 많은 외국인들은 동남아 국가들이 여름철에 가지고 있는 그 더운 날씨에도 불구하고 현지 사람들이 길에서 타는 값이 저렴한 오토바이를 이용했어요.

_____

_____

다음 페이지에서 정답을 확인하세요.

Check it out
완성 문장 확인하기

완성 문장을 확인하고 여러 번 쓰고 읽어 보세요. MP3 29-03

① 당신이 **아침에** 제게 얘기해준 그 큰 가게는 그들이 **금요일에** 하는 특별 판매 홍보 기간 동안 아이들이 **생일 선물로** 원하는 새로운 장난감을 팔아요.

The big store you told me in the morning sells new toys children want for a birthday gift during the special promotion they have on Friday.

② 제가 **도서관에서** 읽고 있는 이 작은 책은 우리가 **친구들과** 나누는 일상적인 관계 속에서 **의미 있는 파트너로서** 우리에게 필요한 중요한 규칙들을 가르쳐 줘요.

This small book I read in the library teaches crucial rules we need as meaningful partners in an everyday relationship we share with friends.

③ **동남아시아 국가를 돌아다니는 저의 여행 동안** 제가 만났던 많은 외국인들은 동남아 국가들이 **여름철에** 가지고 있는 그 더운 날씨에도 불구하고 현지 사람들이 **길에서** 타는 값이 저렴한 오토바이를 이용했어요.

Many foreigners I met during my travel in Southeast Asian countries used cheap motorcycles local people ride on the street despite the hot weather most Southeast Asian countries have in summer.

DAY 27~29 총정리

Lincoln's Speech
링컨의 연설

총정리 순서

STEP 1   기본 구조의 문장으로 구성된 우리말 스토리를 보고 영어로 써보기

STEP 2   구조가 확장된 우리말 스토리를 보고 영어로 써보기

STEP 3   구조가 더 확장된 우리말 스토리를 보고 영어로 써보기

처음부터 끝까지 영어로 쓰는 것이 어렵다면 확장된 부분을 채워 넣어 문장을 완성해보는
Complete the STORY를 먼저 한 후, Write it RIGHT!에 도전해 보세요!

─── SCHEDULE ───

Story Writing은 한 주의 학습을 총정리하는 순서라서 하루만에 모두 소화하기에 벅찬 분량인데요, 다 하지 못한 부분은 assignment로 하거나 시간 날 때마다 짬짬이 도전해 보세요! 아래 훈련기록란도 넉넉히 마련해두었습니다.

1차 훈 련 기 록

시작 시간 _____년 _____월 _____일 _____시 _____분

마친 시간 _____년 _____월 _____일 _____시 _____분

총 연습 시간 _____분

2차 훈 련 기 록

시작 시간 _____년 _____월 _____일 _____시 _____분

마친 시간 _____년 _____월 _____일 _____시 _____분

총 연습 시간 _____분

3차 훈 련 기 록

시작 시간 _____년 _____월 _____일 _____시 _____분

마친 시간 _____년 _____월 _____일 _____시 _____분

총 연습 시간 _____분

START WRITING

(스토리.) 시작하기

다음 스토리를 읽고 스토리 라이팅에 도전해 보세요.

우리는 우리의 정신을 시험하고 있는 중입니다.^(현재진행) 우리는 전쟁터를 보고 있습니다. 우리의 군인들은 그들의 생명을 희생했습니다.^(현재완료) 그들은 목숨을 바쳤습니다.^(현재완료)

언젠가, 세상은 이 전쟁을 잊어버릴 것입니다.^(미래) 그러나, 우리는 기억할 것입니다.^(미래) 우리는 그 전쟁을 끝내야만 합니다.^(have to) 그리고 자유를 지켜야 합니다. 그래서 그 군인들이 평화롭게 잠들 수 있게 말입니다. 하나님은 모든 사람들을 공평하게 창조했습니다. 우리는 이것을 믿습니다.

여러분과 저는 과업을 하나 가지고 있습니다.^(have) 우리가 새로운 국가를 세워야만 하고^(have to) 그 국가를 이어가는 것입니다.

Complete
the STORY

스토리를 영어로 옮길 때 빈칸에 들어갈 알맞은 말을 써 보세요.

We _____ our spirits. We see the battlefield. Our soldiers

_____ their lives. They _____ their lives.

Someday, the world _____ this war. But, we

_____ . We _____ the war and keep the liberty.

Therefore, the soldiers _____ . God _____

_____ . We believe this.

You and I have one task. We _____ a new nation and

continue the nation.

Day 30. Lincoln's Speech 179

Write in English

아래 힌트 어휘를 참고하면서 해석을 보고 스토리 라이팅을 해 보세요.

우리는 우리의 정신을 시험하고 있는 중입니다. 우리는 전쟁터를 보고 있습니다. 우리의 군인들은 그들의 생명을 희생했습니다. 그들은 목숨을 바쳤습니다. 언젠가, 세상은 이 전쟁을 잊어버릴 것입니다. 그러나, 우리는 기억할 것입니다. 우리는 그 전쟁을 끝내야만 합니다. 그리고 자유를 지켜야 합니다. 그래서 그 군인들이 평화롭게 잠들 수 있게 말입니다. 하나님은 모든 사람들을 공평하게 창조했습니다. 우리는 이것을 믿습니다. 여러분과 저는 과업을 하나 가지고 있습니다. 우리가 새로운 국가를 세워야만 하고 그 국가를 이어가는 것입니다.

● **are testing** 시험하고 있는 중입니다 ● **spirits** 정신 ● **see** 보고 있습니다 ● **battlefield** 전쟁터 ● **soldiers** 군인들
● **have sacrificed** 희생했습니다(현재완료) ● **lives** 목숨 ● **have given** 바쳤습니다(현재완료) ● **someday** 언젠가
● **will forget** 잊어버릴 것입니다(미래) ● **this war** 이 전쟁 ● **will remember** 기억할 것입니다(미래) ● **have to finish** 끝내야만 합니다
● **keep** 지켜야 합니다 ● **liberty** 자유 ● **Therefore** 그래서 ● **sleep** 잠들다 ● **in peace** 평화 속에서 ● **God** 하나님은
● **created ~ equal** 공평하게 창조했습니다 ● **all people** 모든 사람들 ● **believe** 믿습니다 ● **have** 가지고 있습니다 ● **task** 과업
● **have to build** 세워야만 합니다 ● **nation** 국가 ● **continue** 이어가다

Write it RIGHT

WORD COUNT

72

30-01

완성된 스토리를 보고 올바로 써본 후, 네이티브 스피커의 음성을 잘 듣고 큰 소리로 따라 읽어 보세요.

We are testing our spirits. We see the battlefield. Our soldiers have

sacrificed their lives. They have given their lives.

Someday, the world will forget this war. But, we will remember. We

have to finish the war and keep the liberty.

Therefore, the soldiers sleep in peace. God created all people equal.

We believe this.

You and I have one task. We have to build a new nation and continue

the nation.

◆——— 스토리 확장하기 ———▶

다음 스토리를 읽고 스토리 라이팅에 도전해 보세요.

우리는 **우리가 가지고 있는** 정신을 시험하고 있는 중입니다. (현재진행) 우리는 **사람들이 죽어나가는** 전쟁터를 보고 있습니다. 우리의 군인들은 그들의 생명을 희생했습니다. (현재완료) 그들은 **그들이 소중히 여기던** 목숨을 바쳤습니다. (현재완료)

언젠가, 세상은 **우리가 본** 이 전쟁을 잊어버릴 것입니다. (미래) 그러나, 우리는 기억할 것입니다. (미래) 우리는 **우리가 시작했던** 그 전쟁을 끝내야만 합니다. (have to) 그리고 **모든 사람이 누릴 자격이 있는** 자유를 지켜야 합니다.

그래서 그 군인들이 평화롭게 잠들 수 있게 말입니다. 하나님은 모든 사람들을 공평하게 창조했습니다. 우리는 이것을 믿습니다.

여러분과 저는 **우리의 군인들이 남긴** 과업을 하나 가지고 있습니다. (have) 우리가 **우리의 후손들이 필요로 하는** 새로운 국가를 세워야만 하고 (have to) 그 국가를 이어가는 것입니다.

Complete
the STORY

스토리를 영어로 옮길 때 빈칸에 들어갈 알맞은 말을 써 보세요.

We are testing our spirits _____. We see the battlefield _____

_____. Our soldiers have sacrificed their lives. They have given their

lives _____.

Someday, the world will forget this war _____. But, we will

remember. We have to finish the war _____ and keep the

liberty _____.

Therefore, the soldiers sleep in peace. God created all people equal. We believe

this.

 You and I have one task _____. We have to build a new nation

_____ and continue the nation.

Write in English

아래 힌트 어휘를 참고하면서 해석을 보고 스토리 라이팅을 해 보세요.

_____

_____

_____

_____

_____

_____

_____

_____

_____

_____

_____

_____

_____

우리는 우리가 가지고 있는 정신을 시험하고 있는 중입니다. 우리는 사람들이 죽어나가는 전쟁터를 보고 있습니다. 우리의 군인들은 그들의 생명을 희생했습니다. 그들은 그들이 소중히 여기던 목숨을 바쳤습니다. 언젠가, 세상은 우리가 본 이 전쟁을 잊어버릴 것입니다. 그러나, 우리는 기억할 것입니다. 우리는 우리가 시작했던 그 전쟁을 끝내야만 합니다. 그리고 모든 사람이 누릴 자격이 있는 자유를 지켜야 합니다. 그래서 그 군인들이 평화롭게 잠들 수 있게 말입니다. 하나님은 모든 사람들을 공평하게 창조했습니다. 우리는 이것을 믿습니다. 여러분과 저는 우리의 군인들이 남긴 과업을 하나 가지고 있습니다. 우리가 우리의 후손들이 필요로 하는 새로운 국가를 세워야만 하고 그 국가를 이어가는 것입니다.

- **spirits we have** 우리가 가지고 있는 정신 • **the battlefield people die** 사람들이 죽어나가는 전쟁터
- **have sacrificed** 희생했습니다(현재완료) • **have given** 바쳤습니다(현재완료) • **their lives they treasured** 그들이 소중히 여기던 목숨
- **will forget** 잊어버릴 것입니다(미래) • **this war we saw** 우리가 본 이 전쟁 • **will remember** 기억할 것입니다(미래)
- **have to finish** 끝내야만 합니다(have to의 사용) • **the war we started** 우리가 시작했던 그 전쟁
- **the liberty all people deserve** 모든 사람이 누릴 자격이 있는 자유 • **therefore** 그래서 • **sleep in peace** 평화 속에서 잠들 수 있게 말입니다
- **created ~ equal** 공평하게 창조했습니다 • **one task our soldiers left** 우리의 군인들이 남긴 과업 하나 • **build** 세우다
- **nation our descendants need** 우리의 후손들이 필요로 하는 국가 • **continue** 이어가다

Write it RIGHT

완성된 스토리를 보고 올바로 써본 후, 네이티브 스피커의 음성을 잘 듣고 큰 소리로 따라 읽어 보세요.

We are testing our spirits **we have**. We see the battlefield **people die**

Our soldiers have sacrificed their lives. They have given their lives **they**

treasured.

Someday, the world will forget this war **we saw**. But, we will remember. We

have to finish the war **we started** and keep the liberty **all people deserve**.

Therefore, the soldiers sleep in peace. God created all people equal. We

believe this.

You and I have one task **our soldiers left**. We have to build a new nation **our**

descendants need and continue the nation.

스토리 더 확장하기

다음 스토리를 읽고 스토리 라이팅에 도전해 보세요.

우리는 우리가 가지고 있는 정신을 시험하고 있는 중입니다.^(현재진행) 우리는 사람들이 죽어나가는 전쟁터를 보고 있습니다. **우리가 보냈던 군인들은** 그들의 생명을 희생했습니다.^(현재완료) 그들은 그들이 소중히 여기던 목숨을 바쳤습니다.^(현재완료)

언제가, **우리가 살고 있는 세상은** 우리가 본 이 전쟁을 잊어버릴 것입니다.^(미래) 그러나, 우리는 기억할 것입니다.^(미래) 우리는 우리가 시작했던 그 전쟁을 끝내야만 합니다.^(have to) 그리고 모든 사람이 누릴 자격이 있는 자유를 지켜야 합니다. 그래서 **우리가 전쟁터에서 보았던 그 군인들이** 평화롭게 잠들 수 있게 말입니다. 하나님은 모든 사람들을 공평하게 창조했습니다. 우리는 이것을 믿습니다. 여러분과 저는 우리의 군인들이 남긴 과업을 하나 가지고 있습니다.^(have) 우리가 우리의 후손들이 필요로 하는 새로운 국가를 세워야만 하고^(have to) 그 국가를 이어가는 것입니다.

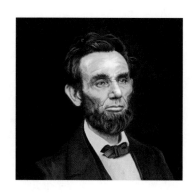

Complete
the STORY

스토리를 영어로 옮길 때 빈칸에 들어갈 알맞은 말을 써 보세요.

We are testing our spirits we have. We see the battlefield people die.

_____ have sacrificed their lives.

They have given their lives they treasured.

Someday, _____ will forget this war we saw. But, we

will remember. We have to finish the war we started and keep the liberty all

people deserve.

Therefore, _____ sleep in peace. God created

all people equal. We believe this.

You and I have one task our soldiers left. We have to build a new nation our

descendants need and continue the nation.

Write in English

아래 힌트 어휘를 참고하면서 해석을 보고 스토리 라이팅을 해 보세요.

우리는 우리가 가지고 있는 정신을 시험하고 있는 중입니다. 우리는 사람들이 죽어나가는 전쟁터를 보고 있습니다. 우리가 보냈던 군인들은 그들의 생명을 희생했습니다. 그들은 그들이 소중히 여기던 목숨을 바쳤습니다. 언젠가, 우리가 살고 있는 세상은 우리가 본 이 전쟁을 잊어버릴 것입니다. 그러나, 우리는 기억할 것입니다. 우리는 우리가 시작했던 그 전쟁을 끝내야만 합니다. 그리고 모든 사람이 누릴 자격이 있는 자유를 지켜야 합니다. 그래서 우리가 전쟁터에서 보았던 그 군인들이 평화 속에서 잠들 수 있게 말입니다. 하나님은 모든 사람들을 공평하게 창조했습니다. 우리는 이것을 믿습니다. 여러분과 저는 우리의 군인들이 남긴 과업을 하나 가지고 있습니다. 우리가 우리의 후손들이 필요로 하는 새로운 국가를 세워야만 하고 그 국가를 이어가는 것입니다.

- **spirits we have** 우리가 가지고 있는 정신 ●**the battlefield people die** 사람들이 죽어나가는 전쟁터
- **our soldiers we sent** 우리가 보냈던 군인들 ●**have sacrificed** 희생했습니다(현재완료)
- **their lives they treasured** 그들이 소중히 여기던 목숨 ●**the world we live in** 우리가 살고 있는 세상 ●**this war we saw** 우리가 본 이 전쟁
- **the war we started** 우리가 시작했던 그 전쟁 ●**the liberty all people deserve** 모든 사람이 누릴 자격이 있는 자유
- **the soldiers we saw** 우리가 보았던 그 군인들 ●**in the battlefield** 전쟁터에서 ●**one task our soldiers left** 우리의 군인들이 남긴 과업 하나
- **nation our descendants need** 우리의 후손들이 필요로 하는 국가

We are testing our spirits we have. We see the battlefield people die. **Our soldiers we sent** have sacrificed their lives. They have given their lives they treasured.

Someday, **the world we live in** will forget this war we saw. But, we will remember. We have to finish the war we started and keep the liberty all people deserve.

Therefore, **the soldiers we saw in the battlefield** sleep in peace. God created all people equal. We believe this.

You and I have one task our soldiers left. We have to build a new nation our descendants need and continue the nation.

스토리 더 x2 확장하기

다음 스토리를 읽고 스토리 라이팅에 도전해 보세요.

우리는 우리가 가지고 있는 정신을 시험하고 있는 중입니다.^(현재진행) 우리는 이 전쟁을 통해서 사람들이 죽어나가는 잔혹한 전쟁터를 보고 있습니다. 우리가 보낸 용감한 군인들은 자유와 평등을 위해서 그들의 생명을 희생했습니다.^(현재완료) 그들은 그들이 소중히 여기던 귀한 목숨을 바쳤습니다.^(현재완료)

언젠가, 우리가 살고 있는 세상은 우리가 본 이 전쟁을 잊어버릴 것입니다.^(미래) 그러나, 우리는 우리의 마음 속에 기억할 것입니다.^(미래) 우리는 우리가 시작했던 그 전쟁을 끝내야만 합니다.^(have to) 그리고 모든 사람이 누릴 자격이 있는 자유를 지켜야 합니다.

그래서 우리가 전쟁터에서 보았던 그 군인들이 천국에서 평화롭게 잠들 수 있게 말입니다. 하나님은 피부색과 상관없이 모든 사람들을 공평하게 창조했습니다. 우리는 이것을 믿습니다.

여러분과 저는 우리의 군인들이 남긴 과업을 하나 가지고 있습니다.^(have) 우리가 우리의 후손들이 필요로 하는 새로운 국가를 세워야만 하고^(have to) 그 축복 받은 국가를 이 땅 위에 이어가는 것입니다.

Complete
the STORY

더 확장된 구조의 다음 스토리를 영어로 써 보세요.

We are testing our spirits we have. We see _____ people

die _____ . _____

have sacrificed their lives for liberty and equality. They have given

_____ .

Someday, the world we live in will forget this war. But, _____

_____ . We have to finish the war we started and keep the

liberty all people deserve.

Therefore, the soldiers we saw in the battlefield _____

_____ . God created all people equal _____

_____ . We believe this.

You and I have one task our soldiers left. We have to build a new nation our

descendants need and continue _____ .

Write in English

아래 힌트 어휘를 참고하면서 해석을 보고 스토리 라이팅을 해 보세요.

우리는 우리가 가지고 있는 정신을 시험하고 있는 중입니다. 우리는 이 전쟁을 통해서 사람들이 죽어나가는 잔혹한 전쟁터를 보고 있습니다. 우리가 보낸 용감한 군인들은 자유와 평등을 위해서 그들의 생명을 희생했습니다. 그들은 그들이 소중히 여기던 귀한 목숨을 바쳤습니다. 언젠가, 우리가 살고 있는 세상은 우리가 본 이 전쟁을 잊어버릴 것입니다. 그러나, 우리는 우리의 마음 속에 기억할 것입니다. 우리는 우리가 시작했던 그 전쟁을 끝내야만 합니다. 그리고 모든 사람이 누릴 자격이 있는 자유를 지켜야 합니다. 그래서 우리가 전쟁터에서 보았던 그 군인들이 천국에서 평화롭게 잠들 수 있게 말입니다. 하나님은 피부색과 상관없이 모든 사람들을 공평하게 창조했습니다. 우리는 이것을 믿습니다. 여러분과 저는 우리의 군인들이 남긴 과업을 하나 가지고 있습니다. 우리가 우리의 후손들이 필요로 하는 새로운 국가를 세워야만 하고 그 축복 받은 국가를 이 땅 위에 이어가는 것입니다.

- **spirits we have** 우리가 가지고 있는 정신 ● **brutal** 잔혹한 ● **battlefield people die** 사람들이 죽어나가는 전쟁터
- **through this war** 이 전쟁을 통해서 ● **brave** 용감한 ● **our soldiers we sent** 우리가 보낸 군인들
- **for liberty and equality** 자유와 평등을 위해서 ● **precious** 귀한 ● **their lives they treasured** 그들이 소중히 여기던 목숨
- **the world we live in** 우리가 살고 있는 세상 ● **in our heart** 우리의 마음 속에 ● **the war we started** 우리가 시작했던 그 전쟁
- **the liberty all people deserve** 모든 사람이 누릴 자격이 있는 자유 ● **the soldiers we saw** 우리가 보았던 그 군인들
- **in heaven** 천국에서 ● **regardless of color** 피부색과 상관없이 ● **one task our soldiers left** 우리의 군인들이 남긴 과업 하나
- **nation our descendants need** 우리의 후손들이 필요로 하는 국가 ● **blessed** 축복 받은 ● **on this earth** 이 땅 위에

We are testing our spirits we have. We see **the brutal battlefield** people die **through this war. Our brave soldiers we sent** have sacrificed their lives for liberty and equality. They have given **their precious lives they treasured.** Someday, the world we live in will forget this war. But, **we will remember in our heart.** We have to finish the war we started and keep the liberty all people deserve. Therefore, the soldiers we saw in the battlefield **sleep in peace in heaven.** God created all people equal **regardless of color.** We believe this. You and I have one task our soldiers left. We have to build a new nation our descendants need and continue **the blessed nation on this earth.**

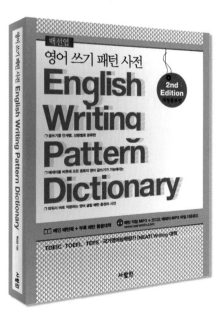

내가 쓰고 싶은 문장을 모두 모아 놓은
영어 글말 패턴 총정리 사전

영어 쓰기 패턴 사전 개정증보판
백선엽 저 | 4×6배판 변형 | 472쪽 | 17,600원